Sarah Isabella MONTÌJO
ou la nuit venue

© Benjamin ZASCHEN
Éditeur: BoD - Books on Demand, 2015.

BENJAMIN ZASCHEN

Sarah Isabella MONTÌJO
ou la nuit venue

La valeur d'une vérité ne tient pas en ce qu'elle démontre, mais en ce qu'elle cache. Si les gens ont tellement soif de vérité, c'est que seul ce que l'on ne nous dit pas vaut d'être raconté. Or, une vérité ne se raconte pas, elle se dit, se livre ou s'affirme. Car la vérité est un aveu, quand le mensonge est une confession. Seul le mensonge se raconte. Et les gens voudraient tant que cet aveu les confesse que, toujours, ils attendent d'une vérité l'exploit du mensonge.

*

Il est, paraît-il, quelque part en nous-mêmes, dans l'endroit le plus sombre qui nous habite, des fleurs d'une blancheur insondable. Elles ne poussent qu'à la tombée de cette obscurité intérieure et leurs immaculées beautés, intimement liées à la nuit, mourraient aussitôt mises à jour tant, elles sont pures et transparentes. Paupières levées, la lumière les consumerait dans l'instant.

*

Le sexe féminin, l'insigne écrin de Sarah, est une bouche qui jamais ne peut être embrassée, car, au contact de ses lèvres, c'est nous-mêmes que nous embrassons. Pour s'en libérer, ce baiser exige l'abandon. C'est passer au travers du miroir dans un silence plus grand encore. Oui, les femmes savent se taire. De l'abandon seul provient la chasteté.

*

L'œil, à chaque instant, invente le monde.

*

Supprimez les portes au cœur de Sarah et vous supprimerez le témoignage de l'hospitalité librement consentie. La liberté d'une différence à décider embrasser une autre différence sous le seul joug de l'amour. Le foyer qui réchauffe les âmes auprès du feu quand il fait froid dehors et la dimension profonde de l'acte charnel.

*

La perfection n'est pas un état, c'est un sentiment.

*

Aux yeux d'une majorité de femmes, l'homme vaut par sa posture ou sa stature. Le mal de ce siècle vient de ce que les femmes voudraient d'un homme qu'il possède l'une et l'autre quand la vie lui commande de choisir entre les deux.

*

Sarah est un calice et nul ne peut l'embrasser sans y tremper les lèvres.

*

Isabella Sarah MONTÌJO

Isabella Sarah allait sur les chemins
À l'épaule un oiseau, à ses pieds un tonneau
Des étoffes chamarrées autour de son bassin
Qu'elle nouait de côté comme on porte un shako

Isabella Sarah allait par les massifs
Et tous ces fins tissus tenaient une sébile
Pendus ils revenaient en un flot convulsif
Mourir et s'épuiser au bout de son nombril

Isabella Sarah dans sa quinzième année
Partait dans le matin coiffée d'un grand soleil
On la voyait là-bas en haut de la vallée
De la Villa Nueva aller nue sous la treille

Isabella Sarah n'avait pas quinze étés
Que déjà elle savait le chant des oléastres
La plainte des vents chauds rappelant les nérés
L'odeur des nizerés et l'étreinte des astres

Isabella parfois s'arrêtait en chemin
Cueillir quelques dahlias qui lui servaient de fleurs
Émaux pour ses cheveux elle apportait le vin
Isabella Sarah au milieu de ses sœurs

Sans compter ses efforts Isabella Sarah
Acheminait tonneaux et autres rares argiles
Le jus pourpre vermeil réveillé dans ses bras
Semblait pris d'un caveau, d'un secco du Brésil

À pas chassés la fière Sarah Isabella
Survolant les tables déposait ses amphores
Mystérieuses et pleines du délicieux grenat

Le galbe de ses hanches pour leur jeter un sort

Isabella Sarah aux gestes pleins d'espoir
Avait le front vainqueur et tant de ministère
Qu'indolente et légère elle passait sans me voir
Embrasser dans ses yeux un baiser délétère

Isabella Sarah allait en transhumance
Je la voyais passer et je la vois encore
Battre des paupières au pas de sa cadence
Le cou semblant porter les feux d'un sémaphore

Si de son visage ne tombait nul aveu
Isabella Sarah me jetait ses regards
Et dans ce froid miroir ses yeux loin dans mes yeux
Isabella Sarah contemplait ma mémoire

Isabella Sarah que j'ai conçue d'un songe
Le jour de ta venue quand t'approchant de moi
Suspendis à ma vie ces deux fruits du mensonge
Tu es non moins réelle et tu n'existes pas

Et payer quelle obole ma nubile aux pieds nus
Attends-tu mon aumône quelle monnaie peut te choir
Isabella Ô toi que j'avais tant voulu
Ô toi qui feignais tant de ne le pas savoir

L'émanation la plus vive de la sensualité est son parfum. L'âme a un parfum. L'encens est puissamment sensuel. Les pierres, mal utilisées, salissent. Bien employées, elle lavent et purifient.

*

L'enfant est constamment dans la sensualité. On pourrait dire qu'il y est tout entier malgré lui. Il n'y a donc nulle offense. Il fait corps avec l'Esprit-Saint. Il en est une partie. Quoi de plus sensuel que l'innocence ?

*

« Une femme, *me confia Sarah*, tombe rarement amoureuse d'un homme en tant que tel. Elle tombe en pâmoison de sa posture, ses gestes, sa stature, son pouvoir sur le monde. Et si une femme tombe sous le charme du David de Michel-Ange, c'est, à coup sûr, qu'elle verra dans la statue la puissance de l'athlète ou la grâce de l'éphèbe. Mais qu'est-ce un homme sinon celui qui fait, agit et invente pour bâtir ?
Un homme, s'il tombe amoureux d'une femme, convoite un regard, un mouvement, un corps, une peau et un parfum. Rien qui ne puisse se justifier. Rien qui ne rassure. C'est un peu comme si à la femme revenait la capacité d'aimer et à l'homme la volonté. Mais qu'est la femme sinon celle qui donne et reçoit, accueille par ce qu'elle est ? Tout cela est pour être dépassé. La femme doit dépasser la capacité pour épouser la volonté et l'homme doit doubler sa volonté d'une même capacité *(donner ses mains pour servir)*. Ainsi, ce qui était dissocié est rassemblé, et le couple ne devient qu'une seule et même chair. »

*

Les mains pleines on ne peut plus prendre, mais les mains vides on peut toujours donner.

*

Il fallait bien que Dieu divorce d'avec lui-même pour que les hommes puissent l'épouser.

Lorsque la raison sert la raison, elle devient le sifflet du serpent.

*

Le poète a dit : « le souffle sur les braises attise le feu quand le vent puissant l'éteint ».

*

La sensualité n'est pas œuvre de chair mais œuvre de l'Esprit.

*

Entendez-vous la marche sourde de ceux qui osent ?

*

Sarah grimpa sur la table à rouler les feuilles de tabac et s'adressa aux hommes de la manufacture : « Je vous le dis, si un homme qui donne aux pauvres (pour donner) vient à être surpris par ses contemporains dans son geste et qu'ils lui demandent pourquoi le fait-il en se cachant, que cet homme leur réponde : " je ne donne pas pour eux, c'est à moi que je donne quand je leur donne car je m'en trouve que plus beau ", alors je vous le dis, cet homme-là est sincère et vraiment humble. »
« Comment ? *dirent les hommes*, il flatte son ego ! » « Non, *répondit Sarah*, Dieu vous refuse-t-il de vous aimer quand vous êtes en joie d'avoir fait une bonne action, fait le ménage, ranger, surmonter l'effort pour bâtir ? La joie c'est aussi de se trouver beau. Le péché, lui, vient de ce qu'en vous trouvant beaux, vous vouliez vous trouver vrais ! »

*

La raison est sœur de l'intelligence. La raison : c'est l'intelligence se regardant dans un miroir. Péché d'orgueil.

Dans les rues de Grenade, tandis que nous allions tous deux, Sarah tenant mon senestre côté, un pauvre homme muet s'avança portant un écriteau sur lequel on pouvait voir : « Lisez attentivement: donnez, donnez à votre tour ce que vous avez de plus précieux. Qu'il s'agisse de vos pensées, de vos richesses, de votre aide, faites-le dans une totale gratuité, dans l'anonymat le plus complet et pour ce qui est de la destination de votre don, remettez-vous-en à la providence. Tirez douze adresses au hasard ou confiez votre offrande à quelques gens sûrs, bons et innocents. Ce que vous donnez, que cela porte le sceau de l'amour véritable dont l'essence est dans les saints Évangiles comme dans la Vierge marie pleine de grâce. Signifiez quelque part dans l'œuvre le caractère sacré du don pour que, le recevant, le pécheur donne à son tour de la même manière. Et puis ne pensez plus au geste accompli, mais au parfum ! Ce parfum, bientôt, remplira le monde. »

*

Alors que nous nous promenions dans un jardin, un soir d'été, Isabella Sarah, s'arrêta sous un figuier et leva la main (ou la voix) pour prendre un de ces fruits (ou la parole) et me dit : « Si l'on considère que la vie danse, alors si on danse soi-même, on fige ces moments dans la proportion inverse de leur dynamique, soit, un peu dans le sens inverse des aiguilles d'une montre. Au terme du possible, c'est figer le monde et rendre, par conséquent, un instant immobile et, par suite, immortel. Or, si la vie est mouvement, l'inertie est la mort. Danser c'est mourir un peu mais le faire à deux. On donne sa mort en spectacle. Moi, je suis comme tous les éléphants, je n'envisage ma mort qu'en me cachant. D'ailleurs, je la cache à moi-même puisque je dis que je n'y crois pas. Je n'ai donc aucune raison de danser. Je préfère que dansent les idées et les mots. Une idée se transmute, c'est pourquoi elle danse, contrairement aux corps. C'est sans surprise à mon goût. C'est l'impudeur des femmes qui a inventé la danse pour triompher de la mort et des hommes. Pure vanité issue de la séduction. Danser, c'est mourir un peu mais le faire à deux. »

*

La lune sourit à cet aveu. Je me souviens très bien que les oiseaux cessèrent de chanter pour écouter Sarah Isabella. Je me souviens très bien avoir arrêté de vivre pour que vive Sarah.

*

On ne prend pas l'eau de l'océan dans ses filets.

*

Toute la vie consiste à devenir ce que l'on est déjà.

*

Une fois que l'on naît, on est. Et ce feu de l' "être" aura pour unique raison, unique obsession, d'exister. Tout homme a pour mission de faire exister ce qu'il est.

*

Où que l'on aille, on ne marche jamais que vers soi.

*

La lumière cherche le jour partout où elle n'est pas.

*

On a toute une vie pour faire son lit.

*

Parmi les femmes de ce temps, nombre d'entre elles abandonnent plus souvent qu'elles ne s'abandonnent.

*

Égalité: signe mathématique. Consécration d'un rapport de force en amour.

Si je suis fatigué c'est que je digère le monde.

*

Isabella avait pour habitude d'écrire au revers des cols de mes chemises : « Loué soit le seigneur Dieu tout puissant, le seigneur Jésus-Christ notre sauveur, l'immaculée Sainte Vierge marie pleine de grâce et le Saint-Esprit ! »

*

Une musique émouvante n'affirme rien de ce qu'elle est, mais dit tout de ce qu'elle voudrait être. Le cœur vibrant, véritablement amoureux et suave, chante de même.

*

J'irai dormir dans tout regard.

*

Ne pas être en dette mais vouloir l'être.

*

Sarah prit la pose. Une robe de flanelle négligemment tombée et les bords en dentelle noués, entre ses jambes. Le cuisseau ceint d'un turban rouge, Sarah me fit les yeux ronds. C'est alors que, perdue au milieu de ses cheveux aux reflets cuivrés, la fenêtre s'ouvrit loin devant l'horizon.

*

Dans une certaine mesure, les courageux vont dans leur vie avant que d'aller dans la vie. Les moins d'entre eux les devancent et finissent, dans le système actuel, par les commander.

*

Sans règle générale, il est impossible d'apprécier une exception à sa juste valeur.

*

La communication a pour siège l'ego, non le cœur.

*

Les gens reconnaissent les sages à leur regard avant même qu'ils ne parlent. C'est là la primauté de la perception sur la communication.

*

Les sages racontent aux gens ce qu'ils voient et non ce que les gens voient.

*

« La réalité est une volonté composée de volontés. Et lorsque nous pensons la contempler, c'est notre volonté qui l'aperçoit. » Voici comment parlait Sarah Isabella.

*

Isabella Sarah me susurra à l'oreille ces mots au goût de fruits : « Laissez venir à vous le souvenir de la personne qui ne vous a pas encore visitée. »

*

Elle m'aimait, mais aimait encore davantage ce monde. Je ne pouvais lui parler de ce qui me touchait négativement en elle. Elle ne l'acceptait pas. Elle était le monde.

*

Il est pour destination de tout dialogue de ne pas tant départir le vrai du faux que de séparer la vraie lumière de la fausse. L'une réchauffe, l'autre non.

Communiquer c'est écouter. La résolution d'une question ne se fait pas par rapport à ce que je pense mais en fonction de la nature du problème.

*

Les gens ne se parlent que pour conjurer la pensée qu'ils ont produite, qui les a donc produits, et qui les tue.

*

La beauté nous apprend que toute chose est plus qu'elle-même. Une chose est remplie de plus qu'elle-même. La beauté est mystère. Dans l'ordre des vérités, une vérité est, par définition, une chose dépossédée de son mystère; une coquille de noix évidée comme mise à nu. Une vérité recelant un mystère est rendue à l'état sauvage de sa virginité. Elle court alors dans notre esprit et le regard porté sur elle se surprend à ne voir qu'une beauté là où nous pensions contempler une vérité. Seule la beauté se contemple. Autrement dit, une vérité rendue à l'état sauvage est une beauté rendue à la vie. La Vérité est ce supplément en toute chose dont nous pressentons qu'une étude magistrale aboutirait à consacrer le mystère, une noire lumière. Aussi la Vérité ne peut être que beauté. La Vérité est l'inverse parfait des vérités.

*

La Beauté est l'anima en toute chose, l'âme, la façon de déployer son âme. Ce n'est beauté, à vrai dire, que ces mannequins publicitaires s'ils sont froids. Mais cela peut l'être si le mouvement de leur être est commandé par le don, mieux l'abandon. La beauté est ce qui fait qu'une chose est remplie de plus qu'elle-même. La beauté physique, si elle ne possède en elle la grâce et le parfum du don divin, n'est pas beauté. Il en va de même pour le geste et les pensées aux délicats parfums.

*

Sarah tenait l'âne par le harnais. Tirant soudainement sur ma ceinture, je me déportai vers elle et entendis son chant : « Le sens profond de la déclaration universelle des droits de l'homme n'est pas dans l'encre, mais dans la plume. L'esprit est avant la lettre. Nombre ne considère que la lettre et l'égalité, laquelle, pour être légitime au regard des forces de la nature et de l'esprit, devant se cantonner à la sphère sociale, celle de la cité, va jusqu'à envahir la sphère privée, siège de l'affection. Or elle prend, dans ce cas, la place de la complémentarité. Un règne dévastateur s'amorce. Il y a mensonge à vendre l'idée que les deux sont sur un même plan, car le sentiment toujours prime sur la raison. L'idée première était que l'aigle et le corbeau décident de vivre en harmonie, en bonne entente, et se faisant, ratifient un même texte, de mêmes valeurs. Or, de ce texte, il est aujourd'hui sous-tiré que corbeau et aigle doivent nier leur nature pour pouvoir vivre ensemble. Les différences sont autant de portes qui renferment des richesses insondables. Sans porte, comment pourrait-on témoigner d'une hospitalité librement consentie ? Par nature, l'homme et la femme sont complémentaires, non pas égaux. L'intention prime le geste. »

*

La notion d'égalité consacre toujours un rapport de forces. De chaque côté du signe "égal" une force fait front à une autre force dans un jeu d'équilibre. Appliquée à la société, cela peut être un bien car la société est une entité supérieure à la somme de chacun des éléments qui la compose. Entre homme et femme, c'est-à-dire dans le lieu qui les révèle tout entier: l'intimité, elle tue la possible complémentarité, c'est-à-dire l'émancipation au signe "égal" et son visage est celui de la désolation.

*

Le geste vaut plus que ce que la main contient.

*

L'ombre de Sarah se tenait au milieu d'une orangeraie. Regardant au loin, par-delà la sierra Nueva, elle m'affirma que la chanson du poète intitulée « Les imbéciles heureux qui sont nés quelque part » disséquait le monde en trois catégories. « Les gens qui sont bêtement fiers d'être nés quelque part; Ceux qui sont fiers de savoir que ce n'est dû qu'au hasard et qui, par conséquent, estiment que l'intelligence est de ne pas aimer cet endroit au-delà de la raison; enfin, ceux qui veulent bien que ce soit le fruit du hasard mais qui, sachant cela, décident malgré tout d'assumer l'amour pour cet endroit dans un acte délibéré. La morale de cette chanson doit faire son lit au sein de cette troisième catégorie. Or, on nous vend l'idée que la morale est chasse gardée de la deuxième. C'est nier qu'il puisse exister assez d'âme en nous pour une gratuité de l'amour. Ainsi se font jour deux clans : ceux qui conjuguent leur vie selon les verbes "prendre" et "donner" (aimer vaut plus que d'être aimé) et ceux qui conjuguent leur vie selon les verbes "prendre" et "recevoir" (être aimé vaut plus qu'aimer). Sous prétexte que le hasard a décidé de nos parents, faudrait-il que je m'interdise de les aimer ? Parce que cela ne serait pas raisonnable ? Or, le cœur dicte d'aimer malgré soi, malgré tout. Parce qu'ils en sont dignes, mais surtout parce que c'est justement cela qui nous rend dignes. Parce que le geste vaut plus que ce que la main contient. Il ne faut pas les aimer pour leurs petits gestes tendres, leurs attentions, mais pour nourrir notre propre envie de leur rendre grâce. Il y a dans tout amour véritable une dimension mystique. Les chaînes de l'affection, c'est nous-mêmes qui nous les donnons et il existe des chaînes qui sont belles à porter. Le deuxième groupe met, dans le même sac, première et troisième catégorie, car la subtilité du message lui échappe ou le dérange. On rend illégitime la diversité des couleurs, on force au mélange, au gris. Le gris, les couleurs... Des vraies couleurs, les plus captivants, sont en nos cœurs, leur mélange librement consenti est beau, la préservation de leur intégrité aussi, si le cœur préside. Il existe des gris somptueux ressemblant à Sarah.

On veut aimer, au fond, son endroit, sa maison et parce que, en nous, le besoin d'aimer commande. Savoir cela et continuer à s'abandonner à l'amour, voilà l'exploit, l'abandon à soi et aux autres. L'amour n'est ni plus beau ni plus vrai lorsqu'il reçoit en retour de l'amour. Le miroir est bien souvent mensonge. Seules les femmes conjuguent *per naturam* "prendre" et "recevoir", afin de pouvoir éprouver dans leur chair le mystère de la procréation. La dimension divine du don ainsi révélé permet d'atteindre une transfiguration du verbe en en distillant l'essence, l'arôme. Le "recevoir" est abandonné, commué par action de grâces, pour que naisse à la vie : "donner". À chaque enfant qui naît, le verbe "donner" s'éveille à la vie et l'abandon devient divin par l'exploit de ce degré paroxysmique où la mère sait en elle accepter de perdre un jour son enfant pour qu'il puisse vivre. La promesse de devoir donner à la vie ce que sa chair lui commande de garder pour elle comme un bien plus précieux qu'elle-même. L'enfant donné au monde comme à sa vie. Accoucher de la promesse de l'adieu, c'est aimer vraiment. Mourir pour renaître. Le jour nouveau se lève et dans le silence de la mer, l'amour vient alors s'asseoir sur l'horizon. Prendre s'effectue au détriment de l'autre tandis que recevoir se réalise avec le consentement de l'autre. Cela ne signifie pas obligatoirement "communion" au sens où c'est, dans les deux cas, "chercher à être aimé avant que d'aimer". C'est déguiser le verbe prendre, le maquiller, le farder. Mais la nature leur impose cela afin que soit garantie la préservation de leur progéniture. Les hommes aujourd'hui imitent la majorité d'entre elles, celle des amazones dont l'histoire raconte le geste martial de se couper le sein droit pour mieux tenir leur arc. Leurs chevaux labourent la grève dans des allées et venues incessantes, comme un geste de défiance envers l'horizon (pour ces guerrières l'abandon est une preuve avouée de faiblesse). La société se féminise ainsi, par la plus mauvaise part. La raison domine aujourd'hui comme la vérité sur la beauté. La rationalité piétine le sentiment et l'âme. Plus rien n'est vraiment sacré. Toute femme amoureuse est patriote. »

*

Il faut lutter contre l'idée actuelle et dominante selon laquelle il ne faut rien généraliser. Sans vue de portée générale, plus d'exception possible et sans exception, plus d'émerveillement.

*

« On érige aujourd'hui, affirma Sarah, un nouveau Golem : l'Homme "ouvert", autrement dit, sans portes. Mais sans portes, plus de jalons, plus de repères pour savoir quand on entre et quand on sort. Notre marche est alors continue et c'est en vain que nous cherchons les séquences. Un lieu sans porte aucune, voilà la véritable prison ! »

*

Les gens sont incorrigibles. Sûrs que la valeur d'un ciel bleu est qu'il soit bleu, ils oublient pour eux-mêmes d'y voir l'exploit originel du ciel à être ciel et, pour autrui, celui de leur rappeler à quel point ils n'aiment pas le ciel en adorant tellement le bleu qui s'y trouve.

*

Ils étaient beaux les anneaux olympiques du baron de Coubertin.

*

Dans ce monde où l'on se sent si à l'étroit, si étouffé, ils sont nombreux les vendeurs de courants d'air à vous dire d'ouvrir en grand vos fenêtres. Alors, vous avez froid et vous vous enrhumez. Soyez maçons et, plutôt que d'ouvrir vos fenêtres et vos portes aux courants d'air, repoussez les murs de votre pensée.

*

Sarah affirmait que l'on juge de la tolérance d'un homme au nombre de portes qui sont en lui. Un homme intolérant n'a pas de porte ou n'en a qu'une !

*

Il n'y a rien de plus étranger au dialogue que le bavardage.

*

Vendre des idées à un marché captif, idées prêtes à être consommées et voter, c'est parler d'un monde sans autre concept que la négation de la prévalence du concept dans l'idée. Tout concept, dans son essence, recèle, en plus de son sens, le discours du sens et ce, au contraire de l'idée, qui ne véhicule, derrière sa signification affichée, qu'un sens du discours. Rien n'est plus éloigné d'un monde éclairé par le discours du sens qu'un monde éclairé par le sens du discours.

*

Le soir venu, à la lueur du foyer, je vis son corps faire la réclame. Le soir venu, à la lueur du foyer, je vis son corps me réclamer.

Les miroirs

Et voici que surgit au milieu des miroirs
Les feux d'une bougie comme un grand nénuphar
Aux baisers plus brûlants que de marins buvards
Dont les lèvres épaisses abritent des regards

Délaissant sa livrée dans l'eau trouble du soir
La scintillante gerbe que l'on se met à voir
Comme une fleur merveilleuse s'avançant dans le noir
Pénètre dans cette eau parée d'or et d'ivoire

Ce lumineux corail aux pétales d'argent
Qui plonge tout entier dans l'onde de silice
Déborde en un instant sous le poids balbutiant
D'un désir de grandeur plus grand qu'un orifice

Et ce grand nénuphar en forme de calice
Envahit les miroirs de ses bouffées profondes
Comme fait l'encensoir sous le joug du supplice
De la main qui le porte au beau milieu du monde

Dévorant son reflet sa bouche tapageuse
Entame les côtés entrouverts de sa fente
Avant que de finir sur la langue poreuse
De la flamme amoureuse qui brûle et s'impatiente

Ô comme j'aimerais embrasser ce mystère
Le feu d'une bougie devenu nénuphar
Au ventre de Sarah une éponge des mers
Tout gorgée du plaisir de prendre et recevoir

Dans la voiture nous emmenant vers Séville, tandis que le cocher fouettait l'attelage, Isabella Sarah usait d'un éventail pour se donner de la fraîcheur. Dans ce carrosse aux allures de wagon postal, un voyageur à la chevelure grisonnante menait bon train pour échanger avec Sarah, quelques idées mondaines. Elle lui répondit brutalement d'un ton censeur: « Et vous me dites: *"Laissons le passé, c'est désuet... Le renouveau ! Le renouveau ! C'est la jeunesse !"* Et je vous dis que vous vous surprenez du renouveau dans ce qu'il est saisissable, aux contours définis comme l'est l'action que l'on contemple. Parce que le monde vous offre ces inventions, fruits des hommes : un témoignage de leur jeunesse ?! Vous vous surprenez des couleurs nouvelles de l'emballage sans vous soucier de l'emballage vrai qui réside dans le sentiment qui porte le cadeau. Alors, rien n'est plus faux que votre surprise. Le poids de votre infatuation ! Car le geste est toujours plus important que ce que la main contient. Revisiter le passé, s'en remettre aux providences divines du monde, percevoir et relire ce qui est écrit, en chercher dans la lumière, une singularité nouvelle. C'est cela la jeunesse ! Le renouveau dont vous parlez, comme la vague sans cesse rejetée, ne ressemble jamais autant à la vague selon que l'on y voit qu'une vague ! Le renouveau suit le renouveau. C'est figé et rien ne surprend. C'est, d'ailleurs, le confort de l'homme d'inaction que d'aimer son fauteuil. Votre jeunesse a le ventre plein des notaires et elle dort. Elle n'a pas d'autre rêve que la réalité. Je revisite mes pièces à hauteur de ma perception que j'aiguise sans relâche comme le rémouleur son couteau. Le sentiment primant sur la raison, la jeunesse reviendra tôt ou tard au front plein d'ardeur et de songes infinis. » L'homme tentait de se resservir une goutte de Porto quand la voiture fit une embardée, arrosant d'un seul coup tout l'équipage et tapissant de giclées grenat le cuir de la sellerie ainsi que ses blancs favoris.

*

Nous sommes tous juifs quand, dans un manteau mité, on tisse d'étranges rêves.

*

On ne naît pas juif, on le devient. La vertu appartient aux hommes de bonne volonté.

Un jeune étudiant vêtu de tweed et portant des lunettes en écaille s'entretenait avec un prêtre orthodoxe. Il serrait dans sa main un livre au titre rouge : *L'État juif*. Le wagon était bondé de gens aussi divers qu'il fût possible. Dans cette cacophonie de salle de marché, le train à vapeur menait son convoi vrombissant vers la côte. La moiteur, née de la chaleur torride, fit que le sviachtchenik sorti un blanc mouchoir pour s'éponger le front. Il reprit le fil de son discours et prononça: « C'est pourquoi le sionisme déplaît tant à Dieu. Les lions de Sion sont entrés dans le Judaïsme. Ils rugissent de leurs prérogatives. Qui pourrait se prétendre plus juif que le Christ ? Christianisme et Sionisme... Cette couleur particulière donnée au Judaïsme, lequel, expurgé de cette vision, recèle des splendeurs et des émerveillements insondables au travers du livre saint et sacré de la Torah, la profonde Kabbale et le très mystérieux Zohar. Le Zohar ne nous apprend-il pas qu'il n'est pas de mensonge qui ne prenne racine dans la vérité ? De même, toute vérité trouve sa source dans la Beauté. Elle s'en écarte par nature sans jamais la perdre, à moins qu'elle ne devienne son tyran. Il y a une différence entre concevoir toute vérité comme un témoignage de la suprématie de la Beauté et voir chaque vérité comme belle parce qu'elle est une vérité. Car enfin, le Zohar fait-il éloge des vérités magistrales cachées dans le monde ou de la Beauté divine omnisciente en chaque vérité ? Derrière les vérités qu'il dévoile, ne nous montre-t-il pas la Vérité éternelle de Dieu ?... La beauté contemple la vérité. Pour la beauté, la valeur se situe au-dessus des hommes. Pour la vérité, c'est une dichotomie promulguée. Pour la beauté, la valeur, pour accomplir l'exploit de parvenir au milieu des hommes, introduit une trajectoire affranchie de son objet, une course durant laquelle la récompense est la fleur à cueillir au bord du chemin. C'est un destin que nous empruntons avec cette flamme qui brûle en nous et nous guide comme s'il devait n'y avoir de destination qu'en nous-mêmes bien que ce "nous-mêmes" ne soit que réceptacle et récipient du Christ (Dieu décide de nous renaître en Christ et le récipient apprend qu'il est récipient par cet éclairage intérieur) : En somme, nous sommes une porte donnant sur l'extérieur, extérieur à nous-mêmes. Pour la vérité, la valeur, qui est au milieu des hommes harassés, doit être célébrée et une échelle est conçue pour la porter au-dessus d'eux.

La valeur doit briller comme une étoile. C'est un état inaccessible. Cette inaccessibilité consacre la valeur comme une destination, dont l'homme est le destin, puisque rendue la plus précieuse à tout autre chose en lui ayant donné les feux de l'étoile (l'Homme fait renaître Dieu en lui par sa conformité aux écritures et sa foi, si bien que Dieu est produit non de sa propre vertu, mais de celle de l'Homme. Au-dessus de l'Homme est l'Homme possédant Dieu). Mais comme l'échelle n'est jamais assez haute, au nombre de barreaux toujours limité, le sentiment d'être en dette avec Dieu est rendu éternel (et même le Messie tant attendu qui doit l'éteindre, ne l'éteint que pour la ressusciter en lui dans la mesure où, Roi terrestre et régnant sur la nation, il est fait « Pouvoir ». Or, là où est le Pouvoir, est la dette). Si le jour du Sabbat, durant lequel aucune action autre que la prière ne doit être entreprise, un agneau ne fuit le troupeau du berger et ne tombe dans une crevasse, serait-il condamnable, nous dit le Christ, que celui-ci agisse pour le sauver ? Pour la beauté, la loi sert l'Homme, pour la vérité, l'Homme sert la loi. Ainsi, pour la beauté, l'amour formel est fondamental tandis que pour la vérité l'amour fondamental est formel. Pour la beauté, la trajectoire qu'illustre l'exercice de la volonté rend toute dette temporaire. S'en affranchir devient possible. La liberté est à l'épreuve de Dieu. L'émancipation par amour est l'abolition du prix comme une véritable accession à la liberté, selon Sarah.

Le plaisir est dans la joie. Pour la vérité, la valeur a un prix, celui de son inaccessibilité, celui de la dette éternelle. D'autant plus éternelle que par définition la valeur n'est pas faite pour être possédée (mais pour se posséder soi-même) car si elle venait à l'être sa nature de valeur s'effacerait tout entière. La culpabilité engendre le désir et glorifie la convoitise. Pour la beauté, l'échange est rendu gratuit, pour la vérité, l'échange doit se matérialiser dans la réciprocité du don comme une action répondant à l'inconsciente nécessité de conjurer la force obscure qui nous garde loin de l'étoile. De la valeur du prix et du prix de la valeur. Dans ce miroir, la beauté crie à la vérité de donner ce qu'elle n'a pas afin d'éteindre sa dette. Mais la vérité n'écoute pas. Elle n'y consent point tant il lui semble que rien n'est plus précieux que ce qu'elle ne possède pas. C'est une façon de posséder. C'est pourquoi le sionisme déplaît tant à Dieu.»

L'étudiant lui répondit : « Mais, tous ces croyants et disciples ne sont pas tels que vous le dîtes et puis, vous scindez beauté et vérité entre les deux souffles. Or, rien ne le justifie. »

Le prêtre lui dit : « Je sais très bien qu'à échelle des hommes, ce que j'évoque peut quelquefois s'infirmer. Je connais certains rabbins qui s'opposent au sionisme, considérant que le retour en terre sainte est la prérogative de Dieu et non des hommes. D'ailleurs, ce serait pour eux, une grave erreur et un péché de contrevenir à l'ordre de Dieu ayant, pour un temps prescrit et solennellement conditionnel, aboli l'élection sacrée du peuple qu'il avait choisi et promulgué son errance en guise de châtiment. Je sais aussi que les hommes sont une chose, et la doxa une autre.

Évidemment, pour un chrétien, s'il doit exister la vérité d'un peuple élu de Dieu, cela ne saurait être entendu au sens historique du terme. L'appréhension politique de ce terme n'est pas de mise, car Dieu ne saurait élire une race en un peuple, mais à travers lui, les hommes de bonne volonté et de bel amour (en revanche, Dieu aura pu élire dès l'origine leur nombre). Ah, Sarah !

Quant au fait de scinder beauté et vérité, cette scission vaut à hauteur de ce que, chacune des deux religions (au sens de *religare*) possède en elle un primat de leur édifice. Cette primature n'exclut pas ce qui lui est secondaire ou révolutionnaire.

Aussi, décrivant le sionisme à travers la manière dont il éclaire le judaïsme, je manifeste l'intention de dépeindre le mouvement du sionisme sur le judaïsme (mouvement recelant l'orgueil à être élu, par l'appartenance à un peuple, qu'il flatte et fait triompher en y fondant une part de sa légitimité et du bien-fondé de la revendication qu'il porte) et non le judaïsme lui-même, sinon dans la part obscure que je lui impute, obscurité partielle mais non moins présente, selon mon interprétation, en son cœur. Cette part obscure, bien que partielle, est, à mes yeux, essentielle.

Et cependant, quel chant mystérieux, quelle musique, quelle âme ! Si seulement, la prévalence de la vérité lui était soustraite pour celle de la beauté. Mais je parle en prêtre, pardonnez-le-moi. On ne saurait attendre d'une trompette qu'elle chante comme un violon. »

*

Cherchez le silence, cherchez-le bien sans jamais vous décourager et vous finirez par le trouver.

*

Un Maure sage et majestueux tenait assemblée dans un coin du wagon. Nous l'entendîmes lever l'index avant que de prononcer : « Il n'est pas une lettre de la langue du très saint Coran qui ne soit cousue de fils d'or par la grâce de Dieu, le Très Haut, omniscient et redouté, ALLAH, exalté soit-Il. Dans la rectitude de Sa volonté, Il a donné à l'humanité la lumière particulière du *Nour* sans laquelle aucun

homme ne peut prétendre lire en vérité. Car ce que Dieu cache aux impies, Il le donne aux justes et l'or qu'Il leur attribue n'a pas son poids dans le monde, quand bien même il s'agirait d'en compter toutes les mines de la terre. La Beauté de Dieu est infinie et éternelle. »
Le Maure se signa depuis le cœur jusqu'au front. Je vis Sarah faire de même, bien qu'elle fût chrétienne.
« Pourquoi te signes-tu ainsi, toi qui es chrétienne ? » lui demandai-je.
« Justement, me dit-elle, parce que je le suis. »
« Mais ils ne reconnaissent pas Jésus comme le fils de Dieu... »
« Je le sais. Ils l'aiment comme l'un des prophètes envoyés par Dieu. Mais une chose demeure_: Dieu est loué dans son infinie sagesse. Quand un peu de cette sagesse nous est donnée, il faut l'accueillir. Mieux vaut mourir de faim, refuser la nourriture offerte par une main pécheresse, que de se détourner de la sagesse de Dieu. Et n'est-il pas sage de concevoir que, si, pour nous, le fils n'est pas reconnu dans le Père mais le Père aimé d'un amour vibrant, alors, pour autant, le Père dans le fils n'est pas rejeté ? Si, en refusant au fils qu'il soit fils du père, et par là, privant le Père d'une partie de sa joie, qu'est-il à penser de celui qui rejette le fils en sachant que le Père est en lui ?... Sans lumière, nul regard. »
Sarah, assise côté fenêtre, baignait dans la lumière du soleil, et sa chevelure brillait d'un feu incandescent.

*

Un vendeur de roses passa dans la travée de la voiture. Il scandait à l'envi d'une voix de ténor: « ¡ Un peso la rosa ! ¡Un peso la rosa ! » Je l'interpellai et le payai sur-le-champ. Approchant mon nez de la belle Isabella, je fis signe de la tête pour la prier d'accepter mon présent. Elle esquissa un sourire pour m'avouer : « Toutes les fleurs ne m'appartiennent pas sinon leur parfum et leurs couleurs aussi. C'est par cela qu'est la fleur. Et cela seul me suffit. Ainsi, j'ai la meilleure part sans rien prendre à mon prochain. Une part de l'Esprit-Saint. »

*

Sauveur. Saveur. Sueur suave.

Sarah Isabella porta ses lèvres dans un quartier d'orange avant que d'en presser le jus épanoui.

*

J'ai vu tant de beauté faire œuvre comme autant de taches écarlates sur le linceul blanc. Ces étoiles de sang étaient des fleurs rouges comme les roses. Le linceul blanc était celui de l'ego.

*

Ceux qui glorifient Dieu dans le tumulte et la fièvre, qui glorifient-ils ? Les yeux au ciel, voient-ils l'étoile ou la star ?

*

Douze est le signe du jour. Vingt-quatre celui de la nuit.

*

Il faut comprendre comme l'eau est contenue dans la mer, le parfum dans le flacon et comme le jour comprend l'aube.

*

Pour connaître ce qu'est le feu, un ouvrage savant suffit. Mais pour le savoir, il faut que la main approche du foyer.

*

Pourquoi les pleurs sont-ils salés comme la mer est calme ? « No lo sé » me dit Sarah.

*

Toute entrée ronde augure un chant.

Ce n'est pas l'éternité qui détient la seconde, mais la seconde qui détient l'éternité.

*

En amour, la certitude n'est pas un état de fait mais un sentiment. Sarah regardait.

*

Si tu cherches des preuves d'amour en la personne que tu aimes, tu cherches des cautions de ton amour pour elle. Tu ne donnes pas, tu vends. Mais si, prenant les tiennes, elle n'en a pas pour toi, c'est qu'elle te vole. Si celles qu'elle a pour toi sont limitées ou prévisibles, c'est qu'elle t'achète. Si elle les refuse, c'est qu'elle est digne d'amour. Si elle te les rend fleuries, c'est que tu es aimé d'elle, te permettant toute vente à réméré.

*

Ce monde vous crie: « À table ! À table ! À table ! » pour se montrer bienveillant. mais nous n'avons pas toujours faim lorsqu'il est trois heures au matin.

*

Ainsi, je m'en vais voguant sur l'eau salée des larmes
et qui s'en va mourir sans jamais rien choisir

*

Nous vouloir tel que nous voudrions être permet de voir le monde tel qu'il est; nous vouloir tel que l'on est, c'est voir le monde tel que nous voudrions qu'il soit et non tel qu'il est vraiment.

*

La plupart des gens recherchent la Vérité, ce fruit mûr qui tarde à tomber de l'arbre. Ils tentent de grimper à l'arbre, mais il est trop haut. Le contemplatif, épris de beauté, passe et fait la ronde. Il s'écarte un peu du nombre, à l'abri de la foule, et lève les bords tombant de sa chemise. Il les tend et attend que le fruit mûr tombe.

*

Pas très loin de nous, une dame échangeait avec un éphèbe. La dame dit : « Sortez de ma vie ! »
Le jeune homme lui répondit : « Mais madame, je ne le puis, car j'y suis entré à reculons. Plus j'en sors et plus j'y suis ! »

*

Sarah ne voulait rien entendre. Elle riait à gorge déployée, noyée dans sa chevelure aux reflets de cuivre.

*

Le sage parla aux hommes de son temps: « La voie suprême, la seule, pour parvenir à la Vérité est le sentiment. Ce n'est pas la raison. Le sentiment domine la raison même si vous le niez. Vous le niez, car l'usage de votre raison glorifie votre ego. »
Pendant une heure, le sage et les hommes débattirent. Les hommes usaient de leur raison. À la fin, étant à court d'arguments, les hommes dirent : « Non, tu as tort ! »
Le sage demanda: « En quoi ? »
Les hommes répondirent : « On ne peut l'expliquer, mais nous savons que tu as tort ! » Alors le sage leur dit : « Vous ne pouvez m'expliquer en quoi j'ai tort. Cependant, vous avez le sentiment que je me trompe. Est-ce bien cela ? »
« Oui ! » soufflèrent les hommes.
« Alors, *ajouta le sage*, vous vivez l'expérience de ce que je disais : la voie suprême pour parvenir à la Vérité est le sentiment ».
Le sage dit encore : « Si vous éprouvez le sentiment que je me trompe en disant que le sentiment seul amène à la Vérité, vous ne pouvez plus dire que je me fourvoie et donc que j'ai tort. Mais il vous faut admettre que vous êtes dans l'erreur. Le pourrez-vous, hommes gonflés d'orgueil ? » Il enchérit : « Je vous ai pressé pour que l'orgueil, qui se cachât dans votre intelligence, sorte. Voici qu'il est mis à jour. Et

tout ce que je vous ai dit fait partie de la Vérité et vous en êtes éprouvés comme je le suis de Sarah ! »

*

L'amour est une chose trop sérieuse pour ne pas être léger.

*

Le vendeur d'oranges.

Mendiant, fidèle à ses semblables, paré d'un long manteau. La nuit venue, convoitait-il la lune dont la peau est rousse comme un agrume fabuleux ? Rêvait-il de ces quartiers tout gorgés de lumière et de chants opalins ?
Pressait-il le sein des catins sévillanes, éloignées des rues et plongées dans la nuit, comme la belle Hécate ? Le pressait-il ce sein dans sa bouche d'ogre tandis que la fière amazone lui soufflait son feu dévorant ? Mangeait-il de ce fruit, ses yeux roulant sur leur orbite ?
Le jour, il longeait le quai de la gare et arpentait les travées des voitures sans mot dire. Bien qu'il semblât muet, fût-ce de naissance, il possédait cependant un filet de voix rauque, comme un râle discontinu et sourd, à peine perceptible, qui se faisait son maître et sous l'empire duquel il paraissait servir.

Sarah, t'en souvient-il ?

Isabella Sarah me parla de confiance. Tandis qu'elle mettait en terre les graines d'un oponce, elle me lança : « Certains disent que la confiance se donne. D'autres, qu'elle se gagne. Mais la confiance est une plante, et si elle se donne, il convient que celui qui la reçoit l'arrose un peu tous les jours ou sinon elle finit par mourir. »

*

Le jour s'en allait et je regardais le spectacle du soleil couchant à travers les fenêtres. Pour passer le temps, je me surpris à embuer les carreaux puis, de l'index, façonner quelques dessins idiomatiques. Je vis alors s'approcher de moi le facteur. Je lui ouvris et lui demandai de me remettre les plis pour Sarah. Il me regarda, l'œil plus grand que l'étonnement, et balbutia quelques mots. Tout d'un coup, le nez collé à la vitre, remarquant mes personnages, il fut saisi d'un rire tout à la fois angélique et niais avant que de tenter à son tour l'exploit d'être peintre.
« ¡ Ay ! ¡Conozco esto ! Por cada lado del espejo, podemos leer :
Frente / frontón
La Verdad / las verdades
La alma / el espíritu
El amor / la adoración
La belleza / la verdad
Deocracia / Democratia
Realeza / la república
Derecho divino / los derechos del Hombre
La potencia / el poder
El fervor / el favor
El matrimonio / La relación
La sensualidad / la fornicación
Dar / recibir
Alegría / euforia
Calma / tumulto
Corazón / ego
Saber / conocer
Cantar / gritar
Niño / rehén
Libertad / riquezas

Luz / tinieblas
Complementariedad / igualdad
Comunión / unión
Mundo / odnum »

*

Sur le perron que renflait une église, l'eau, tour à tour bouillonnante et limpide, étanchait sa soif narcissique en colorant le granit d'une teinte toute à la fois grisâtre et diaphane.
Les marches de cet écheveau, au nombre de trois, se voulaient, pensai-je, la promesse d'un ailleurs épousant mes rêves comme le curé son ministère. Devant la porte, que j'appelais de mes songes *(derrière lesquels se cachait Sarah)*, pataugeaient les semelles de mes godasses au rythme saccadé des trente-six chevaux-vapeur d'une locomotive que j'habillais, selon les sémaphores et l'aiguillage, de *tchout-tchout* et autres *pschuuusch*. Les pantalons courts qui me faisaient office de culotte s'entachaient, pour le coup, de boue parasite et autres *lavins* qui, une fois séchés, rendaient à ma chemise l'aspect usagé de sa facture. Usés, sans doute, par les voyages vers Irkoutsk, transhumance de mes jeux, je constatais, non avec un certain détachement, les boutons qui manquaient à l'appel comme s'ils ne semblaient jamais faillir au devoir de partir, eux aussi.
Rentrant chez moi, ma mère, fidèle au rôle qu'elle entendait mener, m'indiquait la halte, ou devrais-je plutôt dire, le terminus, de mes tribulations d'un revers de main sur mes joues de baudruche. Mais, comme j'avais déjà la possession des premières esquisses de mon âme, toute à la fois orgueilleuse et sournoise, j'avais le front de nier la brimade en tenant haut mon torse, après que j'eus remonté mes chaussettes, et m'en allais en suivant le contour du parterre de la cuisine jusqu'au four à bois dont je détournais l'usage à la seule fin de remplir ma *loco* du charbon qui lui faisait défaut.
Le calme revenu en la demeure, je passais des minutes, sinon des heures le cul sur le trône à contempler par la fenêtre le soleil pourpre et décadent de mes automnes. Je crois, à ce sujet, qu'aussi loin qu'il m'en souvienne, je n'eus jamais d'autres choix, comme un penchant naturel à mes défauts, que d'entendre la nature plus que je ne la contemplais. Je veux dire en cela que mon adoration pour les arbres dansant dans la plaine se berçait d'une musique dont je me savais le seul Ulysse.

Comment aurais-je pu, à l'image des légionnaires romains et autres prétoriens, prendre le ton de la tension qu'initie la crucifixion s'il n'y avait eu des branches écartelées aux chênes de mes alentours ?

*

Un soir que je m'en promenais côté cour de la maison, vint à ma rencontre l'idée de tendre le bout d'un bâton dans cette boue noueuse et d'y tracer des figures de géométrie. Le premier triangle isocèle fut conçu que devant moi, à cinquante mètres tout au plus, là, sur le perron de la sainte flèche, une ombre de fortune s'élevait dans le soir et du temps et du porche. Mon petit minois aux yeux scrutateurs prit les couleurs d'un coulis de fraises quand la silhouette se fit dansante comme le feu. Le galbe de ses hanches, ma mère n'était certes pas violon, me rappela non sans raison l'allure de la belle Sarah. Si seulement j'avais eu quelque mégot ou quelque verre empli d'eau-de-vie à partager, ce sont des choses auxquelles on pense lorsque l'on a six ans.

Il y a chez toutes les femmes un parfum, un aveu. Un parfum d'origine qu'on ne retrouve pas chez les mâles de la même espèce. Car cette fragrance originale est celle de l'Origine; quelque chose du Primordial s'exhale malgré elles, une même tonalité, mélange d'épices et d'argile. L'érotisme qui, chez l'homme, est le produit d'un travail harassant, mené quelques fois au niveau strict de l'inconscient, visant à corrompre l'espace de sa présence, est exsangue, au féminin, de ce labeur. Le mouvement en est l'initiation. Rien de cette dynamique chez la femme, elle séduit par ce qu'elle est. Voici l'inné et l'ineffable. Voilà qui est ainsi. Tout comme connaître et savoir se tournent mutuellement le dos, le vivre et le vécu se confrontent par l'image du trouble. L'homme en mouvement, prenant conscience de son unicité et de sa duplicité, sait la solitude et le vertige du *vouloir posséder*. La femme, dans le trouble, garde distance et connaît les affres du silence.

Il lui faut un homme qui jamais ne tremble, ne faillit, mais prompt à vibrer de ses sentiments… Travail de funambule. Et l'homme bon, tremble, il tremble lorsqu'il est confronté à ce qu'il ne savait pas, tremble à l'heure de se battre, tremble à l'heure d'aimer. La femme observe et se dit cet homme tremble, il est fragile, ce n'est pas lui. Et rien n'y fait, pas un mot, pas un regard, pas une chance ne lui sont laissés. Et comme c'est par l'inconscient que le rejet s'effectue (c'est dire comme cela est profondément ancré en elles), aucune ne l'admet, car, de bonne foi, elle ne sait pas, mais connaît. Alors l'homme, toujours enclin à trouver une aire de consolation au profit de la logique et du bon sens, se dit qu'il ne doit pas montrer ses failles, et c'est ainsi que le chemin que lui montre la femme comme celui de l'amour s'avère celui du mensonge. Plus il avance sur ce chemin et plus il s'éloigne de lui. Il pense alors se rapprocher d'elle bien que jamais elle ne fût là. Les femmes sont fortes en ce sens que, ignorant leur être, rien ne saurait les toucher véritablement par le cœur. C'est la raison qui, chez elles, pense le cœur. Et l'exercice de l'abandon, sauf exception, leur est inconnu. C'est d'ailleurs, peut-être bien, une disposition de la nature visant à garantir par là la pérennité de leur progéniture.

Ô, féminin sacré ! Combien de sang a pu couler sur ton autel ! Combien d'hommes se sont déchirés pour toi, Sarah, afin de te plaire ? Tu es le pouvoir, certes, et tu t'en glorifies ! Mais dans l'âne courbant l'échine sur le chemin de l'abat sommeille le taureau qui se donne dans la corrida. La puissance se trouve où est nul pouvoir.

*

Il faut divorcer d'avec le monde, c'est-à-dire d'avec les femmes.

*

Dans chaque poupée russe, sommeille un œuf.

*

Il n'existe pas de roses sans épines.

*

Mettez sur un étal les fruits du mensonge et ceux de la vérité. Vous verrez qu'à la fin de la journée, il n'y aura plus de mensonges et vous aurez la vérité sur les bras.

*

« Dans tout mensonge il y a une part de vérité, mais dans toute vérité il n'y a pas de mensonge.» dit Sarah.

Je vis dans la douleur de te savoir souffrir sans que tu l'éprouves et c'est à moi que revient la place du spectateur, à toi celle de l'enfant qui va vers son malheur. L'enfant qui va vers son malheur et qu'on ne peut avertir sans lui en déchirer le cœur. J'assiste à ma mort par la tienne et je me tiens là à devoir tendre à mon cou la corde pour ne pas crier que je t'aime. J'ai rencontré Sarah au milieu de notre Espagne. Je ne pense pas en revenir.

*

Les filles de Luzenes (Ode à Sarah)

J'ai connu les filles de Luzenes
Au cœur de canapés trop froids
J'en comptais la douzaine
Nonchalante mais nue
Tout au bout de leurs doigts
De la tête au cul

Alangui comme à souhait
Au bout de leurs genoux
J'avais au corps tout un esquif
Roulant vers de fières contrées
Á mesure que naissaient tous
les galbes d'un marbre gélif

Et les filles de Luzenes
Me gardaient auprès d'elles
Me laissaient conduire
Toutes leurs infirmités
Comme on veille dans l'ire
Sournoise et vilaine
L'enfant au doux baiser de miel
Qui cherche son hochet

Par moments quand l'extase
S'invitait dans ce gouffre d'été
J'apprenais à lire la grimace
Et les sourires de contrebande
Dans ces visages désespérés
L'abandon, les marées basses
Et l'odeur âcre de glandes
Fleurissant sous la vase

Ô créatures, si laides de beauté !
Je me souviens de vos capacités

Au bord du fleuve Amour

Au bord du fleuve Amour était-ce la Volga
Il y avait un hôtel bâti d'arpents de bois
J'y avais posé biens dans l'espoir d'un hiver
Qui s'en venait déjà dans son heure légendaire

C'était en Sibérie que je traînais mes guêtres
Au bord du fleuve Amour il y avait dans les bois
De très grands conifères, des boulots et des hêtres
La senteur de sapins et des rois d'autrefois

Des oiseaux fantastiques chantaient mon nom d'emprunt
Ils avaient des couleurs que je ne saurais dire
Sous leurs œufs quelques loups devant un ours brun
Quelques maisons de houx et des fleurs à ravir

On entendait au loin tintaient les cloches fines
À l'heure où les rayons transpercent dans les airs
Le ciel lourd de l'Altaï et les voix voïvodines
De fées aux tresses d'or plus belles que l'eau claire

Les danses sous leur mène agitaient des corolles
De soie et de coton sur leurs jupons d'ivoire
Et le tir mélodieux des archets sous les cols
Rappelait les violons des musiques tartares

Tous les jours les garçons plus fiers que des Mongols
Riaient la bêche en main des filles qui passaient
Ils leur offraient une fleur au geste plein d'alcool
La belle souriait en guise de baiser

Mais dans le froid hiver à l'aube du matin
Près du fleuve endormi dans les eaux et la glace
Une petite fille allait sur les sombres chemins

Un broc entre ses doigts qui lui mangeait la face

Elle marchait d'un pas sûr au milieu des sous-bois
Les arbres sous ses pas allongeaient leur poitrail
Et les oiseaux chantaient et des loups aux abois
Hurlaient tous au passage de l'enfant sur les rails

Quelques processionnaires suivaient ces fins souliers
Se frayant une route au milieu de la neige
Sous les pas d'infortune de la belle élevée
Au rang de vil jouet pour les tours de manège

Pas un cri sous la lune, pas un mot ne passait
Quand sur ces beaux cheveux les yeux longs des cosaques
Se prenaient à sa taille en visant dans un jet
De cailloux la cuirasse qui lui servait de sac

Les filles de huit ans, ses aînées et ses sœurs
Détournaient leurs regards de la fière Sarah
Quand plusieurs fois par jour son ombre de douleur
Se penchant sur la rive tombait son seau de bois

Et dans le silence de la scène maudite
Des yeux humides et froids contemplaient une femme
Alors son bras plongeait dans l'eau bleu-anthracite
Tirer de son reflet l'eau glacée de son âme

Toute bouche, dans sa forme intrinsèque, formule deux promesses initiales. La promesse de la parole et celle du baiser.

*

Sarah me caressa les cheveux avant que de souffler à mon oreille : « La femme amoureuse d'un homme sera menée par sa nature profonde à rechercher en lui la preuve, à ses yeux, irréfutable, de son amour pour elle. Mue par sa nature, elle s'opposera à lui en attendant qu'il s'oppose en retour à elle sans déroger de sa route. La raison en est que, se faisant et selon l'instinct qui préside en elle, elle accueillera de toute son âme la capacité de l'homme à s'opposer à elle. Elle lira cela, au fond d'elle, presque malgré elle, comme la preuve paroxysmique de son amour envers son être. Seule manière de la rassurer au plus profond d'elle-même, l'opposition de l'homme, confinant à l'inhumain, sera décryptée comme la preuve du caractère immuable et stable, à toute épreuve, du mâle face à la vie. Pour la protéger. "Il pense à moi, il m'aime vraiment, il me protège". Ainsi, parmi les hommes au demeurant, débonnaires et tendres par nature, elles n'auront de gratitude et de respect que pour ceux qui se montreront insensibles à leurs atermoiements. De fait, si cela n'est pas accompli, elles se contenteront avec une certaine satisfaction de ce que leur conjoint peut apporter au couple tandis que leur ventre criera famine, criera que cet homme n'est pas un homme et le respect véritable ne leur sera pas témoigné. Cela est dur à admettre, et pourtant cela est de l'ordre des vérités.
Ne leur dites pas avec les mots, qui s'adressent à la raison, elles pesteront et vous maudiront. Dites-leur avec les yeux, qui s'adressent à leur cœur et elles vous adoreront et tomberont dans vos bras, tromperont leur mari. Fatale vérité, cruelle vérité. Terrible vérité ! »

*

C'est pourquoi un homme doit savoir, cultiver et ne jamais déroger, au fait qu'il doit être une esthétique et non une éthique pour être aimé.

*

Le baiser est un moment et lieu d'union mais aussi d'abandon, à l'autre, à soi et en l'amour. Il peut quelquefois être vécu comme une dépossession de ce que l'on sent donner. Mais c'est un leurre. Car ce que l'on donne ne nous est pas enlevé. Plus on s'abandonne et plus on se trouve, s'épouse. Et ce que tu ne peux cacher, tu peux le montrer. Le baiser est un moment nu ou, si vous préférez, un monument.

*

Le mystère, c'est souvent la vérité cachée. La cachette de toute vérité. Mais la beauté que cela soit, on devrait peut-être savoir plus souvent s'en contenter. Cependant, il est curieux de constater que seul le mensonge se raconte. Une vérité s'énonce, se dit, s'affirme. Et, pourtant, tellement de gens semblent préoccupés par la vérité tout en espérant qu'autrui et la vie les racontent. Comme si le monde défini par sa quête de vérité attendait pour lui-même l'exploit du mensonge. Le mystère n'est-il pas un mensonge qui cache en lui une vérité ? Quoi de plus mystérieux ? Et tout en amour serait cela... Aussi ? La beauté du mensonge révélée dans sa vérité.

*

Le baiser de Sarah était un sucre plus noir que la mort.

*

La majorité des femmes cherche les hommes pour être aimée du pouvoir tandis que la majorité des hommes cherche le pouvoir que pour être aimée des femmes.

*

Il ne suffit pas d'être différent pour être riche de soi.

*

L'ouverture au monde est, avant tout, une ouverture à soi, non à l'autre. Outre l'expérience vécue de la perception sous l'empire de laquelle nous sommes constamment et qui influence notre raison, la quête de soi est cette autre façon de penser le monde. Et nous comprenons alors, que la seule universalité véritable est celle du sentiment, ou, plus exactement, la clarté mystérieuse en son sein. Aussi, baignés dans cette lumière dont on accepte la suprématie, nous traversons les rives qui constituent le monde. L'homme véritablement ouvert ne fait pas fi de ses peurs, mais apprend à les connaître de sorte à pouvoir les reconnaître en l'autre. Affronter ses peurs naturelles pour les dominer, c'est tendre au courage quand les nier revient à n'être que téméraire. Il est normal d'avoir peur devant ce qui nous dépasse, trembler devant la femme que l'on aime, étreindre l'enfant effrayé, préserver sa famille et en accepter le sentiment d'appartenances. Vouloir un homme sans peur aucune, c'est souhaiter voir l'abomination dans l'être. Ignorer ses peurs revient à s'ignorer soi-même. L'ignorance de soi ne porte pas de richesses si bien que, sans elles, il n'est pas d'amour véritable d'autrui, et l'ouverture au monde se résume à un horizon sans fin couvrant une terre infinie, déserte et désolée.

*

On prête au roi Louis XVI cet épisode selon lequel, s'interrogeant sur le sens de la démocratie et déçu par l'exposé de ses ministres, le bon sire en vint à appeler le jardinier de la cour, Claude Richard, pour recueillir son avis. Ce dernier aurait tenu ces mots : « Les eaux civilisationnelles sont polluées, usagées et charrient quantité de choses disparates comme autant de déchets. Pour retourner à la civilisation, elles ont besoin d'être filtrées, lavées, purifiées. Les eaux civilisationnelles s'expriment en leur nature, roulent et grondent selon le chemin emprunté. Elles demandent à être canalisées. Les canaux dirigent le sens de cette expression et évitent qu'elle ne puisse déborder. Souhaiter le suffrage des eaux et, pour faire ceci, leur donner le filtre, le canal et le degré pendulaire convenable. »
Le roi en parut fort aise. Sarah le fut aussi.

*

Nous sommes tous une graine en devenir dans le terreau de la vie.

*

Les bateaux de papier

Je suis comme ces navires chavirés et sauvages
Que les enfants des rues posent dans les rigoles
Et qui s'en vont jeter sous nos pieds d'amarrage
L'encre noire d'alphabets et de mots qui racolent

Ces coques étirées qui partent en voyage
Accrochent et arraisonnent au bout de nos souliers
Un court instant les flancs et tous leurs bastingages
Se mettent à la page où meurent les condamnés

Et toutes voiles dehors, quand l'un d'eux fait naufrage
Ces bateaux de papier qui penchent à bâbord
Entament sur la jetée avec leur équipage
Un adieu solennel dans leur journal de bord

Quelques fois ils abattent à force d'être lavés
Par les eaux savonneuses qui courent de tous côtés
Des lettres ou bien des dates vingt-six mars deux juillet
Des dessins de chats noirs aux moustaches zélées

Pas un vent, un nuage ne leur est épargné
Et quand tombe la trombe c'est au bas d'un visage
Près d'une photo jaunie ou d'une rose égarée
Qu'ils sombrent engloutis plus sûrement que l'orage

Tous les mots infinis qu'ils portent en bagage
Ne sont-ce pas les écumes de nos baisers amers
Quand Sarah les emporte vers de lointains rivages
Où tout est désolé sinon la mer entière

Je suis comme ces navires chavirés et sauvages
Que les enfants des rues posent dans les rigoles

Et qui vont se jeter pour cacher leur naufrage
Aux pieds de vos avenues mourir loin des écoles

Gaston Phoebus, la princesse Agnès, le mage Anselme et toute la gente haute d'Occitanie voulurent *(et demeurent à vouloir dans un mouvement du temps continu et figé)* rendre grâce à la belle Sarah Isabella. La cour de Toulouse avait préparé une allée faite de palmiers ployant en majesté, une marche avait été composée au pas d'une musique prodigieuse et tous les êtres d'importance tombaient leur ombre sur le parterre au milieu des ors, des perles et des grenats. Le roi de France, lui-même, avait en sa mémoire un lieu dévolu à la seule Sarah Isabella. La porte de son entrée possède une ferronnerie guerrière et le bois qui la compose est celui de l'acacia.

*

Le chat court après la souris pour la manger. La souris court devant le chat pour s'enfuir. Il est possible que le chat mange la souris. Il est sûr que la souris aura mené le chat partout où elle voulut. Cela est dans l'ordre des choses. La souris aura vécu toutes les volontés sauf celle de devoir un jour mener un chat.

*

Et si j'aime les sentiments, ce n'est pas tant pour ce qu'ils savent que pour ce qu'ils ignorent.

*

Le jus pressé des citrons. Le mal à se comprendre, et la sueur tirée du cœur. La liberté d'un côté et la liberté de l'autre. Et la confiance tantôt donnée, tantôt gagnée. Le jus pressé des citrons. Des scissions de part et d'autre du miroir. Comme s'il suffisait de voir la réalité pour tenir la vérité. Le jus pressé des citrons. Pour effacer le rimmel, qui coule. C'est pleurer sans rien écouter. Pour avoir raison du haut de ses hauts talons.
Mais la liberté n'est qu'un sentiment. Et derrière la beauté du mensonge, s'il y a l'art. Mais là rien. Rien d'autre que la chute de reins et deux bouts de seins. C'est payer cher. De la purée pour les chiens. Quémander le respect parce que ça brille à vos cous, mesdames, mais l'estime c'est le sentiment et la raison glorifiée d'épines. D'un côté le cœur au service le la raison, parce que la nature est bien faite et ne

s'attarde qu'à ses besoins. De l'autre la raison au service du cœur. Cherchez l'erreur. Tu vois, y a ta frimousse. Pleure, pleure. Je n'ai pas besoin de plage. Mais dedans moi ouvrent les fleurs, et la tienne à mon veston. La peine, la vraie, n'est pas ces pleurs, mon bel oiseau, la peine, la vraie, c'est de n'en rien dire, ni le poids, ni sa loi. C'est mentir sur l'élixir. Le breuvage, la saveur acide qui vous ronge et le jus pressé du citron, qu'on boit par ce qu'il faut le boire. Avec des yeux d'enfants. La peine et tout passe. Heureuse es-tu de n'en rien savoir. Fais ta moue. C'est moi qui régale derrière le comptoir.

*

Le cœur au service de la raison, cette raison si glorieuse, cette raison tellement désirée, cette raison triomphante, ou bien la raison au service du cœur, ce cœur de charpentier. Sarah jouait avec un fil à plomb, mais comme une enfant y jouerait, c'est-à-dire sans ego.

*

« Une chose est particulièrement méconnue, *m'apprit Sarah Isabella*. Tout le jeu du monde a peut-être commencé à l'époque des rois d'autrefois. Le roi de France, très chrétien et très catholique, puisqu'à l'image du Tsar très orthodoxe, condensait en sa personne, dans tous ses gestes, ses actes et ses mots, la tenue christique et la grâce insondable qui s'y réfère. À la cour, qu'il rende justice ou édits, qu'il reçoive, qu'il envisage à voix haute la solution à un problème particulier, qu'il reçoive en audience la veuve, l'orphelin ou le malheureux, ne se tenaient jamais loin de lui conseillers et courtisans. Parmi eux, se trouvaient quelques hommes et quelques femmes pour s'empresser de lui rendre les hommages, lui sourire à la moindre occasion, mais ne faisaient ces choses que pour contenir une haine et une jalousie, une abhorration face à l'exercice du cœur vivant et de sa loi en la personne du roi. Ils ne pouvaient souffrir de voir se déployer la puissance et ne pouvaient comprendre pourquoi celle-ci avait le premier rôle au détriment du pouvoir. Que la puissance passe par le sentiment, qui rend si beau, eux qui ne l'étaient pas, que la couleur de cette âme si noble, humble et pure, que la posture si droite du monarque, que tout cela faisait injure à tout ce qu'ils étaient. Et c'est pour cette raison primordiale qu'ils ourdirent ce plan machiavélique, millénaire, de faire échec

au roi et de faire triompher leur idée frelatée de l'amour, du beau et du divin. »
Sarah savait que si le respect est convention, l'estime est conversion.

*

Elle dit : « Toute caresse possède en elle cette révélation terrible, non dite, gardée secrète et taboue : elle permet, à qui la perçoit, comme un gradient éternel, de distinguer le caractère singulier des deux sexes. En effet, chez l'homme la caresse est soit sexuelle, soit sensuelle. Elle est blanche ou noire et jamais les deux ne se confondent. Je ne dis pas que son destinataire, selon qu'il s'agit d'une femme, ne puisse recevoir celles-ci comme d'un seul alliage, mais c'est reconstitution de l'esprit. En vérité, les deux caresses sont si distinctes que l'on pourrait supposer en leur contradiction. Chez la femme, il ne peut y avoir de caresse strictement sexuelle sans une dose de sensualité. Sinon le plaisir n'y est pas. À vrai dire, c'est parce que la caresse permet de l'imaginer sensuelle qu'elle se surprend à la vouloir sexuelle. Et les bons esprits vous diront que, par ce truchement, preuve est faite qu'à la femme appartient la prérogative du beau et du pur. Et cependant, de l'autre côté du miroir, on voit alors, par ce trouble, rentrer l'impur dans le pur aussi vrai que le serpent se cache sous la pierre et que le soleil se cache chaque jour pour mourir. »
Sarah Isabella hocha la tête en guise d'acquiescement à ses propres propos.

*

Faire entrer le sexe dans la tendresse, insidieusement, y entrer à pas sourds, à reculons, sans mot dire, investir l'autel, renverser le calice, lacérer d'auréoles le drap blanc, de taches de vin rouge et s'en délecter. Retourner la table enfin et alors seulement la femme s'amuse.

*

Ou alors ne serait-ce pas de faire entrer la tendresse dans le sexe, faire entrer l'accusé face à ses juges ? Qui sait ? Sa beauté relève-t-elle de l'éthique ou de l'ordre esthétique ? La pure esthétique ne s'adressant qu'à l'objet, est-elle proscrite par tout être employé à son ego ? La sensualité vraie est la transmutation de tout sujet en objet et sa voie est celle de l'abandon suprême. Voir s'accomplir cet

exercice, c'est voir la dynamique atomique à l'œuvre, l'atomisation du monde, non tant dans ce qu'il est que dans sa représentation la plus aboutie.
Il n'y a rien de sexuel dans la caresse d'une main ferme de paysan posée sur la tête de sa petite fille, mais quand danse Salomé, le jeu de ses mains est une langue acerbe qui vous pénètre. Le féminin sacré est sensuel par nature et toutes ses caresses ont un parfum de poivre. Alors la tendresse pure existe-t-elle vraiment chez lui ? À ses enfants, sans doute, mais alors la mère, dans le moment de cette caresse qui s'accomplit, n'est plus femme mais Regina Mater, cependant qu'il semble qu'un père reste un homme ; mais un homme élevé. La mère ? Où s'en trouve la femme, serait-il heureux de la percevoir ? À qui cela serait-il permis ? Pourquoi se fardent-elles ? Pour cacher quoi ? L'archet fragile du violon parce qu'un archet n'est avant tout archet que parce qu'il est fragile.
Fi du bois et du crin, un archet, ça ne se construit pas, cela se dessine, comme les lèvres d'une femme. Regardez-les faire tous les matins, devant la glace, n'est-ce pas ce qu'elles font ?
Platon distinguait deux sortes de Vénus : la Céleste (Aphrodite Ourania, déesse de l'amour chaste et spirituel) et la Vulgaire (Aphrodite Pandemos, qui inspire les amours dissolues).

*

Le positron : instrument inventé par la femme moderne, permettant d'assurer la posture verticale à tout sentiment de culpabilité. On passe ses remords dans la machine et il en sort un rire franc de gloussement de poule. Le cepagrave est la anche qui s'y atèle. Le positron évite les lumbagos sémantiques et cérébraux. Il sauve des vies, des envies, mais permet les larmes quand elles sont fruits de l'ego.
La vénus Anadyomène de Rimbaud n'est pas sans posséder un brin de sensualité. L'éléphante en recèle également.

*

La folie nous guette de son œil apeuré.

*

Il advint parfois que Sarah Isabella contemplât mes songes. Ses yeux si clairs me pressaient de les lui taire et le ciel s'enroulait alors, autour de ses épaules, comme le ferait un châle de laine noire condamné à la prostitution.

*

« Les femmes adultères sont pleines de leur ego » me confia Sarah.

*

Pas plus le chant des oiseaux, pas plus la course des astres vespéraux, pas plus le léger souffle de la flûte, pas plus la ronde des heures et l'écho du cri des loups perdus dans le massif, pas plus le rutilant fusil posé au coin du feu, pas plus la danse des ombres lascives, pas plus l'odeur minérale de la terre montagneuse qui s'endort dans le soir, pas même le rythme fabuleux des eaux qui courent au milieu des ruisseaux sauvages ne peuvent égaler le baiser qui m'est donné en cet instant de gloire.

*

Le baiser brûlant, le beau baiser de fièvre et l'incendie purulent qui envahit mes lèvres.

*

Verrouillez, je vous prie, les portes de mon cœur
et que tinte en vos mains le lourd trousseau de fer

*

Le soir quand l'homme dort et que l'esprit lève
Il agglomère en un souffle le penchant naturel
De nos cœurs entrouverts à chercher dans la sève
L'aspect dual et pluriel de la mort et la vie, des ténèbres et du ciel

Tandis que je descendais la rue Royale, je croisai un jeune homme assis sur le trottoir. Il était dos au mur, portait un vieux pantalon rapiécé de couleur crème ainsi qu'une chemise à trous. Prostré dans le silence, il s'était attaché une pancarte au cou. Je lus : « C'est comme si nous étions tous deux devant LA PORTE de notre histoire et qu'il s'agisse maintenant de savoir si on l'ouvre ou pas. Pour y accéder, j'ai ouvert toutes les autres en mettant la main sur leur poignée et ma compagne a, jusqu'à présent, bien voulu me suivre. Mais maintenant, je suis fatigué (car à chaque nouvelle porte, j'ai dû lutter, marcher sur mon orgueil pour ressaisir sa main qui partait alors que ses yeux me criaient "ne me lâche pas") et j'ai besoin d'entrer dans ma vie conjugale en sachant si je vais, une fois franchi le seuil, pouvoir lui lâcher la main et qu'elle restera à mes côtés, car je vais avoir besoin de mes deux mains pour bâtir notre maison. Et elle aussi... C'est pourquoi, à ce stade, il est grand temps pour elle de me montrer qu'elle peut m'aider en passant devant pour une fois, ou appuyer ma main, ou me redonner sa main avant d'entrer... Elle a failli le faire hier, mais un mot mal compris et elle fait machine arrière. Pourtant, elle me dit qu'elle m'aime comme jamais elle a aimé, qu'elle ne sortira pas indemne de cette histoire, qu'il serait trop bête de se séparer... Oui, ses yeux ne remarquent pas un seul instant le problème qui est que sa main quitte la mienne à la moindre porte. »

*

« Toute explication, *affirma Sarah*, appelle une compréhension. Sur un jeu d'échecs, l'avantage est que les pions sont posés dans un cadre. Donc, on peut avoir en même temps et à chaque apport la vue détaillée, la vue d'ensemble et la vue du mouvement immédiat. Si celui qui explique et celui qui écoute n'ont pas de cadre, du moins en référence, la profusion des détails donnera un sentiment de chaos au lieu du début d'un ordre évoluant à chaque coup, tout à la fois mutable et immuable, nouveau et pérenne. À défaut, celui qui écoute s'arrêtera sur un détail pour dire que ce n'est qu'un détail. Si un seul des deux a un cadre, l'autre pensera qu'il arrange la réalité.
Si les deux partagent le même cadre, ils se comprendront ainsi que la réalité et celle-ci sera la vérité. Et dans la qualité de l'échange, la superbe sera une communion dans ce que le discours est puissamment construit et ce, indépendamment du caractère contradictoire de leurs idées. Idées ayant, toutes, sens, et c'est là le Primordial. »

La main d'Isabella déposa le cavalier au centre du plateau. À son majeur, une fine bague en or sertie d'une émeraude translucide.

*

« Comprendre que, *me dit Sarah*, dans toute édification sociale, éthique, économique, culturelle et financière, dans toute architecture d'ordre sociétal, labourent les mêmes lignes fondatrices et cardinales : la valeur du prix croise le prix de la valeur. En perspective, le point de fuite en est l'ego. »

*

Mais toujours la main du paysan lève et sème et le matin et le blé.

*

La dette payée, les mains peuvent se rejoindre. Ou serait-ce que les mains jointes, la dette s'en trouve payée ?

*

Gare aux prêteurs pratiquant l'usure car le don ne leur prête cette posture qu'à crédit.

*

« Imaginons, *me dit Sarah*, un couple déchiré entre des caractères si contradictoires qu'ils ne cessent de s'entrechoquer et un lien mystérieux les unissant fait de tendresse et d'affection, voire d'une sorte de fusion. Alors, l'un des deux propose que chacun aille voir ailleurs tout en continuant la relation de sorte qu'ils peuvent se donner la chance de savoir s'il leur est destiné quelqu'un qui leur corresponde davantage ou s'ils sont vraiment faits l'un pour l'autre. Ainsi, se pose le problème de l'intention. L'un va voir ailleurs dans l'espoir de trouver âme plus sœur et, à défaut, finit par revenir par dépit. L'autre va également tenter l'aventure, mais parce qu'il ne sait plus, n'est plus sûr que son compagnon ne soit la bonne

personne. Il revient aussi après un moment, mais heureux d'avoir pu constater que sans son autre, il était malheureux à mourir. Savoir si une autre personne pourrait mieux lui convenir, il l'ignore toujours, il sait juste maintenant que sans cet autre, il n'est plus tout à fait lui. Aussi, si les deux reviennent l'un vers l'autre, pour autant, au regard de leur intention première, ils sont étrangers l'un à l'autre et feignent de l'ignorer. Le premier revenant par dépit de n'avoir pu trouver meilleur partenaire, le second, heureux de savoir enfin que sans l'autre, il est malheureux et que son double véritable, s'il devait se trouver ailleurs, pourrait bien mourir.
Parce que le premier ne pouvait rester seul, parce que le second était condamné à le demeurer. »

*

Le monde moderne est le seul théâtre où le spectacle se joue dans les loges tandis que, sur les planches, les comédiens font l'auditoire.

*

Tribunaux et bourses sont les grands théâtres d'aujourd'hui.

*

« Les hommes de cour, *continua Sarah*, usaient du pouvoir pour posséder les femmes. Le roi, quant à lui, plaisait aux femmes sans recourir au pouvoir, émanation basse de toute puissance. Cela, ces courtisans ne pouvaient le supporter. Par ses seuls faits, le roi les injuriait dans ce qui les constituait. Puisque les femmes n'étaient attirées que par le pouvoir, et que ce dernier, de telle sorte exprimée, relevait du Vulgus et de la mort, le roi n'usait pas de pouvoir envers ses courtisans. Ces derniers ne comprenaient pas qu'il se refusait à séduire ainsi les femmes alors qu'eux ne s'en gênaient pas. Relevant ainsi deux choses: leur unique but était de conquérir les femmes les plus belles et ils pouvaient humilier pour l'obtenir, au prix d'être monstrueusement laids et éloignés de Dieu ainsi que de l'amour, eux qui prétendaient pouvoir aimer les femmes comme le roi (convoitise d'égalité). Mais Dieu leur montrait qu'ils en étaient incapables et que leur convoitise de moyens frôlait le ridicule quand il advint que leur intention profonde fût mise à jour. Aussi, ourdissant pour conjurer la triste fatalité, ils voulurent la mort du roi et celle de Dieu sur l'autel nouveau de la grande médiocrité_: libres pour être libérés de Dieu, fraternels pour pouvoir désigner implacablement tous ceux qui ne leur ressemblaient pas et égaux par nature pour éradiquer l'ordre divin fondé sur la complémentarité. Une pseudo-démocratie, dont la réalité est une aristocratie bourgeoise et technocratique élue par d'étroites urnes, pour tuer le sage fidèle à Dieu. Une république pour en finir avec le fait royal, sa largesse et sa hauteur en toute mesure. Ces gens de pouvoir en usent pour tenter d'asservir la puissance à leur vue, c'est-à-dire asservir le Beau au rang de ce qu'ils nomment la vérité. »

*

La force même n'a pas le besoin de s'exprimer. La puissance ne souffre aucune excitation.

*

Ainsi parlait Sarah Isabella. Il arrivait que, aux matins calmes, descendant dans la vallée, elle tenait un fouet ami à la main dont elle faisait claquer la lèche sur le dos des orgueilleux.

*

Isabella ne pouvait faire un repas sans pain et quand le festin se résumait en une miche, elle remerciait Dieu de ce mets délicat. Les saveurs de blé et d'orge explosaient en bouche et les yeux de Sarah étaient alors ceux d'une enfant à qui on aurait donné la mer.

*

« On dit que l'homme, *s'exclama Sarah*, a construit sa perte de suprématie à mesure qu'il inventait le progrès, érigeant ainsi l'égalité homme-femme. On dit que son bras, sa force physique, devinrent ainsi superflus. Mais on peut dire aussi, qu'allant vers l'idéal progressiste pour connaître toujours moins de fatigue, les femmes ont saisi le vent de l'Histoire pour abuser des bienfaits de celui-ci et voler aux hommes le pouvoir. Elles auraient pu se dire que ce que l'homme avait fait, elles en bénéficiaient grâce à lui et l'aimer encore davantage en retour. Mais elles préférèrent y voir l'opportunité de prendre sa place et c'est ce qu'elles firent. Cependant, comme il n'y a nulle gloire dans leur action, sournoise, cupide et vénale, elles tentent de présenter la chose sous la forme d'un paradoxe qui n'est que d'apparence. Car le vrai paradoxe embrasse les causes de l'effet et non l'effet lui-même. Cette escroquerie intellectuelle est ainsi levée. »

*

La grande majorité des gens en vient à souhaiter, devant les injustices et l'inhumanité de cette société à l'agonie, une révolution. Celle-ci serait, à tous coups, selon eux, salvatrice. Mais combien d'entre eux pensent que si elle est menée par des gens aussi opprimés que jaloux et convoitant les prérogatives de la classe dirigeante, les mêmes effets recommenceront, une fois les malheureux au pouvoir.

*

Il ne suffit pas d'être pauvre pour être vertueux. Isabella Sarah souriait.

*

Les parfums et les fards à joues, à paupières, le eye-liner, le rimmel et le rouge à lèvres... La dissimulation des traits et des imperfections... La soif inextinguible à se savoir séduire le mâle... Mais dissimuler les traits et les points noirs, à défaut de ne pouvoir, dans la manière, farder les pensées et les nausées profondes... Les fleurs sans odeur... La saveur suave est ailleurs... Le sexe... Mais l'érotisme... La sensualité délaissée et des quartiers de jambons sur les étals... Ah, nos villes ! Aire de je pour les femmes d'aujourd'hui... Pleine de manières affables sous les beaux parapluies... La posture du mannequin, du questeur romain et la plèbe masculine qui leur tend les mains.
Le ciel est bleu et c'est tant mieux... Le bruit des talons sur le goudron... Le bruit sourd des galons qui s'en vont... L'aiguille d'un talon perce les papiers des poètes jonchant les rigoles.... Deux copines s'amusent de chiffons en solde quand un vert, tout à coup, les affole... Ah, quelles sont belles nos villes ! Pleines de couleurs

étranges où ne luit nulle orange, pas même Sarah.

*

Les mots sacrés ne connaissent nulle bouche, ils n'acceptent d'être couchés et caressés sur le papier qu'à comparaison des femmes dans les lits profonds.

*

Le choix témoigne d'un esprit confus. Un esprit libre et sain ne connaît pas le choix. Il perçoit clairement, totalement et agit.

*

Le monde d'avant était cruel dans ce qu'il montrait; le monde d'aujourd'hui dans ce qu'il cache.

*

Il y a trois formes de dictature pesant sur la femme actuelle : le féminisme, les revues de mode et le jugement des hommes qui les lisent en cachette.

*

Sarah Isabella se mouvait comme dansait Shéhérazade.

*

Je vis, jeté négligemment sur le bureau, ce mot de Sarah : « Venue sur ce site pour voir s'il existe, ici, un soleil noir, une serrure de porte, une clef sans pêne, le galbe d'une hanche sévillane, l'Arlésienne, Diogène Laërce, une cantatrice, la gestation d'un jour, ou tout autre sucre de sensualité. Par ailleurs, je précise préférer me tenir à l'écart, sans pour autant froisser, des gens trop normés, épousant les standards de cette société, sans esprit critique, démagogues et dictateurs de l'égalité. Ces choses ne sont pas mon opium. Il existe des lions, des lionnes et des lionceaux.

J'aime la différence au sein des genres. C'est pourquoi les égalitaristes, les sans-généralités, m'ennuient profondément. Je fuis ce qui, selon moi, est de la médiocrité. Il y a plus beau qu'un sourire sur un visage, c'est un visage qui donne le sourire à un autre. »

*

Le Christ était (est), dans son incarnation charnelle et pour une part, un homme sans égaux.

*

Sarah Isabella, alanguie sur un sofa de velours rouge et aux pieds en poirier noirci d'époque second Empire, me regarda droit dans les yeux et m'envoya : « Pour bien ses sentiments en respect tenir, les tenir en joue. Joue contre joug. »

*

Sous un porche, le soir venu, stationnait un fiacre. Passant devant, son cocher m'arrêta d'un geste de la main pour me demander du feu. Lui tendant une flamme, je lui demandai :
- « N'avez-vous pas trop froid dans votre longue et solitaire attente ? »
- « Non, *me dit-il*, j'attends la femme du général Tama y Consuelos ».
- « La femme du général ? Heureux d'être à son service ? »
- « Pauvre général, délaissé par ses supérieurs, ayant commandé pendant cinq ans une garnison de trente hommes là où rien ne se passe, au fin fond de la sierra Nevada… Et détesté de sa femme… Parfois si triste, ne disant mot, le ventre mou, les favoris tombants, dans son costume d'apparat, je vais, des heures durant, faire courir mes chevaux qui le transportent dans la cité et le général passe ainsi la nuit dans ce fiacre et la ville. »
- « Pourquoi sa femme le déteste-t-elle tant ? »
- « En général, elle ne peut le souffrir. Les femmes n'aiment pas les généralités. À vrai dire, elles exècrent le général. C'est très commun. Sa femme ne fait pas exception à la règle… Mais ne lui dites pas… Hormis Pyrrhus. »
- « Oui, Pyrrhus. »

Je vis alors descendre la femme du général dans la nuit. Trois notes de piano résonnèrent. Le fiacre s'en alla. Le cocher rentra en silence et le teint pâle, mortifère, il fouetta sa monture. Il me regarda une dernière fois comme on s'en remet à un frère de combat. Je repris mon chemin au milieu des lueurs et des chiens.

*

Les premières amours s'apprivoisent. Les suivantes s'improvisent.

*

Une seule rose a suffi.

*

Les femmes qui toisent trouveront toujours les miroirs irrévérencieux.

*

Le droit impose le respect. Il n'estime que lui-même. Si seulement il apprenait l'irrespect, il pourrait estimer les hommes. (pensée de Sarah)

*

Savoir, c'est perdre connaissance.

*

On ne désire jamais ce qu'on ignore mais on désire toujours ce qu'on ne connaît pas.

*

Tandis que Sarah essayait une robe dans une boutique de prêt-à-porter, elle me lança devant la vendeuse : « Je ne possède pas ce que je fais, mais ce que je fais me possède. »

*

Méfiez-vous des gens bruyants. Ce sont ceux qui ont le plus à taire.

*

Le hasard est un arbre dont les doutes sont les fruits.

*

Alors que nous passions devant une école, Sarah me montra au doigt la cour de récréation et me dit : « Ce n'est pas un hasard si les garçons jouent avec des bâtons et les petites filles avec des cerceaux. »

*

Vis. Vois. Veux. Vaux. Va.

*

Là où il y a égalité, il y a ego.

*

Toute femme accouche à la fois de la vie et de la mort.

*

La surdité n'est jamais qu'un profond désaccord.

*

Les concessions en amour, réalisées ou tentées de part et d'autre, s'adressent aux arbres. Élaguez-les au niveau de leurs branches et ils revivifieront, élaguez-les au niveau de leur tronc et vous les tuerez.

*

L'instant précis du péché originel d'Adam et Ève est celui du moment où ils cessèrent de voir pour regarder. Aussi, il s'agit de naître à nouveau, ce qui est de la volonté exclusive de Dieu. Pour ses élus, il s'agit de transformer le regard en vue. Non tant une vue virginale qu'une contemplation nouvelle expurgée de tout *moi*. Voir enfin de nouveau comme Bartimée par Jésus à l'entrée de Jéricho. Mélange de salive et de boue apposé sur ses yeux. Parole, baiser, argile, chair et souffle... Regarder la croix ne se peut pas. Seul la voir est possible. Voir est immédiat et l'expression d'un sens, celui de l'acuité conférée, confiée et donnée. Il n'y a en cela nul produit de l'ego, car c'est extérieur au *moi* que s'accomplit le miracle de Dieu. Et si la foi doit suivre, c'est que la vision de la croix est d'abord donnée en toute chose soumise au regard purifié.

*

On ne devient pas seul d'avoir perdu quelqu'un, mais d'avoir trouvé sa vérité.

*

Il y avait en Sarah une solennité rappelant le caractère sacré des chants grégoriens. Pour l'oreille avertie et mélomane, se décelait la lumière cristalline des voix à l'unisson tandis que l'aspect minéral de leur écho laissait deviner une pièce vaste et obscure d'où il prenait sa source.

*

Aucune chose n'est impure au regard qui ne l'est pas. Et ce qui serait, par ontologie ou téléologie, fondamentalement impur, il ne le verrait sans doute pas.

*

Sarah me dit : « Lorsqu'une femme enfante, on nous dit que c'est beau et sacré car c'est la Vie ! C'est beau la Vie, c'est sacré la Vie ! C'est sacré la Vie parce que c'est beau la Vie ! Et cela est affirmé sans d'autres explications. Alors, si l'on tue votre femme et que l'on vous dise, par l'insigne drame, que cela est aussi la Vie, là vous ne l'aimez plus et ne reconnaissez plus en elle ni le beau, ni le sacré. Or, si vous tenez la sacralité de la Vie que dans sa seule vérité à être source de tout mystère de l'existence et seule beauté véritable, votre résolution ne saura d'autant moins sombrer que par essence la Vérité est intangible. Cependant, elle ne l'est plus au regard du contexte. En fait, la sacralité et le beau sont ailleurs, aussi vrai que la promesse est dans l'abandon. La sacralité vient de son mouvement à ne pas avoir en elle le prix à l'être mais la promesse de la valeur à celui qui l'aime. La sacralité de la sacralité est mensonge et non amour. Le Christ est sacré par la grâce divine de son abandon irrépressible à nous aimer. Mais qu'est-ce qu'aimer ? Lorsque dans les saints Évangiles, il est dit qu'il faut aimer son prochain comme soi-même, cela veut-il signifier qu'il faut l'aimer sans limites, car, devant nous aimer de la sorte, l'amour véritable serait insondable ? Or, la mère et le père ne s'imposent-ils pas des limites à la permissivité qu'ils réservent aux fruits de leur amour et ce, pour leur bien ? Si leur amour pour l'enfant est infini, son expression possède une capacité d'auto-correction produisant, selon les circonstances, les limites nécessaires au bon épanouissement de leur progéniture. Ainsi, lorsqu'il nous est dit d'aimer notre prochain comme nous-mêmes, et sous réserve que nous sachions vraiment nous aimer, il est à comprendre que si cet autre devait commettre quelques mauvaises actions sous nos yeux, il nous faudrait lui montrer en quoi il a mal agi, s'en trouver vexé au nom du Christ, comme nous le serions de nous-mêmes et donner tout moyen au pécheur de se repentir comme nous l'espérerions pour notre âme.
C'est sans doute ainsi qu'il s'agit d'aimer autrui comme nous-mêmes, car l'amour est liberté et sa juste expression produit le cadre nécessaire à sa réalité. C'est à l'intérieur du cadre que vit la liberté, non en son extérieur ou absence. Sans cadre, nulle liberté mais ténèbres, lieu éternellement sans amour. » Sarah m'embrassa.

*

Poursuivant, elle ajouta : « Lorsqu'il nous est dit de ne point juger autrui, il faudrait sans doute comprendre, pour accueillir une véritable tolérance, qu'une chose n'est vraiment elle-même qu'à mesure de son paroxysme. En matière de jugement, lequel est conçu pour la sentence et donc pour être l'exercice d'un pouvoir auquel la chose et l'objet de la chose se soumettent, son paroxysme est, à échelle des Hommes, dans l'omnipotence de l'ego. Cependant, transmuté par amour, devenant puissance par la grâce de Dieu, s'extrayant de toute volonté de pouvoir et bien qu'efficient, il semble changer de nature pour être un bienfait. Juger d'autrui par amour revient à juger de l'action accomplie en l'Homme et non plus de l'Homme pour lui-même. C'est cesser de regarder pour voir et donner à voir, par la sentence prononcée, le triomphe de Dieu sur les ténèbres. Il n'est pas d'amour véritable qui ne juge ou ne soit en mesure de juger. Et si, pleins de nos contradictions, nous le condamnons, nous le réclamons pour nous-mêmes afin de ne point connaître l'indifférence. Ce jugement singulier, qui ne consiste pas à qualifier la chose en fonction de ce qu'elle devrait être, mais en tentant de saisir ce qui la qualifie en elle-même, est celui de Spinoza et de son éthique. Jugé lui-même panthéiste ou athée par sa vision d'une substance infinie s'avançant dans son être à mesure qu'il déroule son devenir, omniscient à l'existence du Monde ou plus exactement, étant le Monde lui-même (substance qu'il nomme Dieu), il ne le fut qu'à l'aune du jugement vulgaire tant redouté. Et ces censeurs, parce que, a priori, toute transcendance ne peut être que verticale (son absence déclamée doit en témoigner), se révèlent vides de cette essence sans laquelle nul sentiment n'ouvre sur la lumière. Car, il y a fort à parier que le philosophe se soit mis au pied de la croix pour la raison que celle-ci signe, dans sa forme, la transcendance sublime du sentiment comme celle de l'horizontalité. Ainsi, bien jugée, l'éthique de Spinoza consacre la vision chrétienne d'un Dieu révolutionnaire qui opère une circonvolution de son être pour se défier du Dieu biblique qui juge. Dieu est Dieu et son essence étant Amour, il ne saurait pouvoir se révéler que dans les cœurs ressuscités à eux-mêmes. L'immanence devient cette autre transcendance. »

*

Toute personne qui se cache est promise au cachot à moins que ce qu'elle cache, elle ne le fasse pour préserver un bien supérieur, ce qui revient à se promettre au cachet (de Sarah).

*

Sarah, Sarah, Sarah ! Trois fois ton nom répété aux confins des enfants qui réclament.

*

L'ondulation singulière d'une personne ne fait pas d'elle une personne singulière en soi-même, pour et grâce à elle-même. Le singulier s'exprime par contraste au général. Aimer le caractère sacré de ce don nécessite de ne point sacraliser la personne elle-même. Or, de cet amalgame vient que l'on puisse se prendre pour Dieu *(refuser le divin en étant dans l'ego)*.
C'est par procuration que l'on naît singulier *(on n'est pas, on naît pour exister)*. Et l'ego est aussi bien dans le « moi, je » que dans « en moi, le sacré me rend sacré ».

Attendez-vous que le mariage sacre votre vie, ou la vie à travers vous ?

*

Beaucoup de femmes n'aiment pas leur homme pour ce qu'il est [naît] mais s'aiment à travers lui. Lui est miroir. Plus ce miroir est poli et scintillant, plus elles se trouvent être bien aimées de lui.

*

Alors que nous nous promenions au creux d'un chemin bordé de peupliers, Sarah continua à m'entretenir, tel un précepteur, en ces termes : « L'homme aime en la femme l'ondulation, sa dynamique et sa conséquence : les formes (comme les vagues le sont pour la mer). La femme aime en l'homme la vibration et sa conséquence : la résilience (car pour demeurer, elle ne saurait casser ce qui la porte). Sa maîtrise rassure. Ainsi, les deux font la vie qui est alliage d'une ondulation et d'une vibration. L'ondulation répond de l'harmonie et de l'équilibre. La vibration répond de la force et de la résistance. Une ondulation inharmonieuse n'est plus ondulatoire mais un chaos ressemblant à une vibration euphorique. Une vibration non résiliente n'est plus vibratoire mais un chaos ressemblant à une ondulation frénétique. Dans les deux cas, elles vont à leur suicide. Complémentaires, elles ne sont pas égalitaires entre elles, mais par rapport à leur norme dynamique. La fidélité de l'ondulation pour la vibration est absolue en matière et la fidélité de la vibration pour l'ondulation l'est en esprit. Car l'ondulation paroxysmique est ouverte pour être prise tandis que la vibration ultime est fermée pour témoigner de sa nature à prendre jusqu'à sa réalité. A priori immobile, elle préserve, en fait, sa force vitale. L'onde la livre. Écrin d'un côté, noyau de l'autre. L'une épouse le temps, l'autre s'en extrait.

Aussi la femme est fidèle tant que son mari sait la prendre, et ce dernier le reste envers elle tant qu'elle sait se donner à lui. L'onde et la vibration doivent, à leur manière, se garder désirables, s'aimer suffisamment pour se garder sensuelles. L'ondulation s'exprime sur un plan ou un nombre restreint de plans, tandis que la vibration investit une infinité de dimensions. À la lumière de cela, il apparaît que si les pantalons servent les hommes, ils ne siéent pas aux femmes à moins, peut-être, que ces dernières aient en tête de marcher en robe lors du port de ces derniers, mais alors, quelle serait leur intention d'en porter ?

Car la première fonction d'une robe est de garder cachée l'ondulation marquée des jambes au bassin. »

*

« Une femme cherche en un homme l'expression de la virilité. Un homme convoite en une femme la manifestation de la féminité. Complémentaire, leur fidélité réciproque ne s'accomplit pas sur le même plan. La femme est naturellement fidèle en chair, l'homme en esprit. Il ne demeure en chair que grâce à sa femme qui sait instinctivement lui apporter ce qui lui faut, d'ailleurs pas tant pour éviter à tout prix un écart funeste de son mari que pour s'assurer de sa présence à ses côtés jusqu'au terme de leur existence charnelle. La fusion ad vitam æternam relève de l'esprit. C'est ce que veut une femme. Celles qui exigent davantage attendent des hommes qu'ils deviennent des femmes. » lâcha Sarah, un bâton à la main.

*

Sarah renchérit : « Plus une femme est complémentaire de l'homme, moins il y a de chances qu'elle soit adultère comme lui et moins il y a de risques qu'il le devienne. Plus elle se veut son égale, plus elle agira comme l'homme qu'elle se défend de pouvoir aimer. »

On dit « cœur vibrant » et pas autre chose.

*

Plus loin, Isabella me confia : « Le plaisir d'une femme étant de se donner, elle ira naturellement chercher à se faire désirer plutôt qu'à s'imposer. Celle qui, pour accéder à la plénitude de son plaisir, exige de son mâle la promesse sacrée de sa fidélité avant que de se donner à lui (réclamant de lui l'acte initial de la soumission), attend d'elle-même de se comporter en homme et de sa couche qu'elle accueille une femme. »

*

Puis, après un temps de réflexion, Sarah reprit son discours ainsi : « En revanche, si l'homme prétend aimer sa femme, il ne doit pas partir ou voir "ailleurs" au premier manque de celle-ci. Mais il doit se repentir du péché de convoitise et s'en remettant à Dieu, aller voir sa femme et lui parler en tempérance et compassion (ce qui est l'inverse de la faiblesse dans le sens où seul celui qui se sait fort, écoute en étant maître de lui, ce que l'autre ressent comme puissance), selon le Saint-Esprit. Si, cependant, sa femme n'y est pas sensible ou pas suffisamment pour dépasser le joug de son ego, et au bout d'un temps remarquable, alors s'il va ailleurs se satisfaire, a-t-il le choix ? Qui pèche ? Lui qui satisfait un besoin naturel de sa condition, laissé inassouvi par sa femme, ou cette dernière qui refuse son amour ? Lequel est vicieux aux yeux de Dieu ?

Si l'on considère qu'il y a là une cause de caducité du mariage, et bien qu'alors il ne saurait y avoir d'adultère, il n'en demeure pas moins vrai que le mariage, sacré devant Dieu, ne devra connaître de divorce dans son essence.

Se pourrait-il que, mû et initié par un amour véritable d'une des deux parties au moins (en l'espèce, l'homme pour sa femme), le mariage se compose, d'une part de la fidélité de chair, et, d'autre part, de la fidélité d'esprit ?

Si la fidélité de chair ne peut se vivre, faute d'être deux, l'homme ne doit-il pas, bien que libéré de cette obligation, continuer néanmoins d'aimer sa femme par l'esprit (la protéger, la choyer, subvenir à ses besoins…) ? Or, s'apercevant qu'en elle n'est nul amour (du moins pour lui), son amour pour elle peut-il changer au point de disparaître ?

Si l'on argue que la valeur d'une personne est elle-même, alors, sans doute, pourra-t-on justifier d'un homme qui, délaissé par sa femme, se détournerait d'elle.

À l'inverse, si l'on conçoit que la valeur d'une personne est cette lumière posée en elle qui ne cesse de briller (comme un don de Dieu), alors, on ne comprendra qu'avec moins d'évidence un mari quittant sa femme pour quelque fait que ce fût, dans la mesure où, en elle, demeure cette lumière singulière rappelant la créature de Dieu, créature rendue, aux yeux de cet homme, sensuelle et belle à toute autre.

Il faudrait en retour que cette femme ne se vexe pas que son époux puisse se satisfaire ailleurs. Mais rejeté par sa femme, cet homme ne pourrait-il pas répudier celle-ci non tant sur la base que, manifestement, elle ne l'aimerait pas ou plus que sur celle d'un mensonge révélé et témoignant d'une possible perversité ?

Et si, avant cela, une telle femme se ferme à toute discussion réclamée par son mari, et ce, quelle que soit la douceur dont il pourrait faire preuve, ne lui faudrait-il pas user de ruse pour déceler en elle sentiment et intention se cachant sous la posture_ou bien, au contraire, attendre indéfiniment le jour tant espéré où elle lui parlera ?

Tout cela semble bien compliqué, mais deux choses semblent émergées : le fait que ce n'est pas la personne choisie qui est (parce qu'elle est une personne choisie) digne d'amour mais le fait qu'en elle et à travers elle, la lumière et la grâce (œuvres de Dieu) prennent des reflets particuliers, uniques pour l'homme qui peut aimer *(reflets de sensualité touchant différemment selon le sexe. Lumière semblable par l'esprit. Réciproque pour la femme pouvant aimer, elle voit en son homme cette lumière singulière s'exprimer dans sa virilité)*. À cela s'ajoute, l'évidence du rôle dévastateur de l'ego sur le cœur, la sous-estimation du besoin naturel à chaque homme de faire l'exercice de la "prise de l'onde" et celle, non moins néfaste, de l'impérieux abandon de la femme à la "vibration", le manque d'humilité pour reconnaître ces fondements en chacun de nous, la chair d'un côté et l'esprit de l'autre *(les deux devant être vécus de manière à part entière selon Sarah)*.

Le fait de les vivre tous deux en une personne aimée, ne veut pas dire qu'elles sont faites pour se confondre en une seule substance nommée "amour", ce penchant naturel à le concevoir est féminin, il n'est pas masculin. Au-dessus des principes masculins et féminins préside le principe de complémentarité.

L'Homme sert Dieu à aimer dans l'humilité de sa condition et non dans la gloire d'un amour seul réservée à Dieu tout-puissant.

Aimer, à la manière de certains pasteurs, est aimer l'amour. Ce n'est pas aimer. L'amour ne demande pas à ce qu'on l'aime mais à ce que l'on vive (manière de mourir dans la lumière de Dieu et renaître en Lui)... Gardons-nous de s'aimer soi au nom de Dieu et de ce que l'amour doit être pour nous une perfection, mais apprenons à aimer la lumière divine en toute chose, en tout être, et délectons-nous de ce repas. Car l'Amour est un repas, et à la table du Seigneur, aucun maître d'hôtel n'est convié.

Ne voyez-vous pas, *demanda Sarah*, la différence entre la perfection d'un mets présenté dans une assiette et la perfection d'un appétit ? »

*

« Si un homme marié, insatisfait et sans aucun secours de sa femme, doit se soulager, qu'il ne pense à nulle autre personne que sa femme, qu'il n'en regarde aucune autre. » dit le pasteur. « À défaut, *renchérit-il*, il commet le péché d'adultère ». Mais si cet homme voit, à travers une autre femme, la sienne propre tel qu'il voudrait qu'elle soit et par là, la couleur singulière et sensuelle qui, pour habiter chaque femme, devînt, par un passé réprouvé, unique en elle, où est le péché ? Car, pour retrouver cette ondulation, prenant appui sur tout support semblable, et parce que, dans un esprit sain, chair et esprit doivent être dissociés, il convoiterait l'onde et non sa femme ? Pire, se faisant, ne reconnaîtrait-il pas en sa femme la propriété de cette onde tandis qu'elle en est dépositaire ? Car cet homme convoite une posture, non une personne. Car ce que sa femme lui reprend, elle n'en crée pas seulement l'absence en lui mais aussi en elle. Quelle serait alors la sensualité souvenue par cet homme de sa femme en matière de chair ? L'aimer toujours par l'esprit devrait le conduire à trouver l'essence de son excitation, de son plaisir charnel ? Lui faudrait-il désirer charnellement cette pureté inaliénable de l'esprit en sa femme ? N'y aurait-il pas là la présence de l'impudicité ?

*

Je regardais Sarah Isabella, et en mon for intérieur, je me rendais compte de ce qu'elle était corps et esprit.

« Comment pourrait-on vouloir s'oublier (acte de jouissance) sur et dans la vertu ? La vertu seule, pour elle-même, engendre l'amour pur. Et jouir ne serait toléré qu'à la condition que son objet soit pur ? Non ! C'est l'ondulation particulière de cet objet, par ailleurs de vertu divine, qui donne à l'homme l'envie d'y jouir. La Sainte Vierge, incarnation de la vertu et de la pureté, engendre le sacré et l'amour de l'enfant ; pas autre chose.
Que les hommes qui vendent, à cet autre, l'idée que seul le désir charnel de sa femme est acceptable, bien qu'elle ne soit plus muée par le désir de son mari et parce que c'est sa pureté demeurée qui rend légitime l'excitation de l'homme (comme si cette pureté devait être envisagée comme fruit d'elle-même et non comme déposé en elle par la grâce de Dieu), aillent vers le paroxysme de la pureté, aux pieds de la Vierge Marie, sinon devant leur propre mère et qu'ils osent, dans leur regard, habiter la vibration qu'ils proposent ! La mère n'est pas la femme. Dire qu'un homme bon et pur est celui qui veut sa femme que parce qu'elle est pure (que dans ce qu'elle a de purs), cache la perversion à souiller le sacré, la mère et la vertu. En cet homme se cache l'inceste. » affirma Sarah.

*

Quand Jésus dit : « L'homme qui regarde une autre femme que la sienne commet déjà le péché d'adultère », veut-il dire qu'il connaît le péché ou qu'il connaît l'échec au sein de son couple ?
Si sa femme, malgré tout son amour et son écoute d'elle, persiste à se refuser à lui ou ne se donne que par dépit, si elle répugne à lui donner ce dont il a naturellement besoin (à moins que ce besoin ne se trouve hors du Beau qui est produit d'une convention et d'une révélation) et refuse à vivre l'exercice naturel de son abandon en lui, est-elle encore une femme à la lumière de cette union ? Et dans ce cas, ce mariage est-il encore légitime ? Et, illégitime, pourrait-il produire une situation d'adultère ?
L'impudicité, où se trouve-t-elle ? Dans l'homme misérable qui, délaissé par sa femme, se surprend à en convoiter une autre ou dans cette femme qui, se refusant à son mari, s'oublie en recevant, sa robe de chambre à demi entrouverte, cet autre homme sous le prétexte d'être un de ses amis ?
Sarah disait encore : « Une femme cherche en un homme l'expression la plus vibrante de la virilité. Un homme cherche en une femme l'expression la plus

sensuelle de la féminité. Ils sont complémentaires. Cependant, leur fidélité ne s'établit pas sur le même plan. La femme est naturellement fidèle en chair au sens où elle désire être aimée, comprenez : elle désire « à travers » la chair de cet homme, jouit des sentiments qu'elle y met et jouit de le mettre en situation de devoir lui livrer les siens ou jouit à l'idée que cela se puisse avec d'autant plus de force que la stature de cet homme lui paraît puissante. L'homme n'est pas naturellement fidèle en chair, passé l'état proprement amoureux des premiers temps, comprenez : amoureux comme il est désireux de la chair de cette femme comme incarnation de cette ondulation particulière qu'il veut soumettre à sa vibration (c'est pourquoi face à une maison, un homme regarde d'abord la porte et une femme en voit avant tout les fenêtres). Cette ondulation, il en ressent tout le mystère. Il ne reste fidèle à sa femme que grâce à elle qui, parce qu'elle l'aime de cette manière purement féminine, sait lui donner ce dont il a besoin. Ce qu'elle lui donne, elle ne le fait, d'ailleurs, pas tant pour éviter à tout prix qu'il ne commette une faute que par ce que sa nature profonde veut l'assurance qu'il restera à ses côtés (il semble bien compréhensible qu'il en soit ainsi par nature en considération de la progéniture qu'elle enfante et à laquelle elle doit assurance et sécurité). C'est, semble-t-il, en règle, ce que veut une femme. Les femmes qui exigent davantage attendent des hommes qu'ils deviennent des femmes. »

*

Le plaisir d'une femme étant de se donner, elle ira naturellement se faire désirer plutôt qu'à demander. Sarah me prit la main.

*

Les hommes tiennent, sans le savoir, pour érotisme les mouvements de vie de l'*objet-désir*, autrement dit, les générations de formes de ce dernier. Ces graphes au monde signent, en splendeur, le combat de la vie sur la mort qui habite chaque femme, depuis son sens des initiatives à l'horizontale jusqu'à son art de la reformulation à la verticale. Cela est si vrai que la grande majorité d'entre eux ignore à quel point, en désirant une autre femme que la leur, ils réinventent cette dernière dans ce qu'elle n'est pas. Concevant que leur amour pour leur moitié est, par essence, pur, il est à penser que loin de la tromper, ils l'épousent sous une autre forme.

*

Je retrouvai Sarah Isabella sur une pellicule cinématographique sépia datant de l'année 1919. La bobine mise dans le cinématographe, je pus voir à l'écran ce court film où la belle se mouvait à grands gestes, debout sur une table, face à ce qui semblait être un attroupement d'ouvriers russes aux premiers matins bolcheviks. Le film muet montrait Sarah au cœur d'une usine. Un haut-fourneau éclairait les hommes quand apparut à l'image un encart fidèle aux mots qu'elle entendait leur tenir : « Vous prétendez aimer la noix et donc la garder sans l'ouvrir. Vous dites aimer, mais n'êtes pas attirés par la voix de la noix qui, pour être aimée, veut qu'on l'ouvre (tout amour montre la voie promise à tuer son ego). À l'instar de vous, la même prédisposition se retrouve au rang de ceux qui brisent en miettes la noix pour prouver qu'ils ont raison. Mais une autre voie est de casser la noix et de la manger. Ainsi, en va-t-il de l'amour véritable. La noix, c'est vous. Sa chair, c'est Dieu en volonté, sa saveur, c'est l'Amour et sa consistance, la sensualité. Verser dans la sensualité en prêtre repentant n'est pas verser dans la luxure. Le péché n'est pas dans le pot de confiture, mais dans les doigts gras qui y plongent. Ces doigts, même lavés au savon, restent un péché. Pour vraiment les laver, il convient qu'ils maigrissent pour rendre le mouvement noble et gracieux de la main qui les porte. » Sarah semblait si belle, étrangère à ce monde étrange comme pouvaient l'être ses propos envers eux.

*

Cette fois-ci, il s'agit d'un film américain daté de 1912 reprenant les grandes heures du Far West. Le film de 15 minutes se nommait « Bess and the blue saloon ». Manifestement fille de mauvaise vie, elle apparaissait à l'écran en belle brune de vingt ans, bas de soie et chemise blanche légère pour rajouter à sa féminité. Les cheveux ondulés tombant sur ses épaules nues, elle se disputait avec un moustachu jouant les pistoleros. À l'étage du saloon, Sarah, d'une moue de Betty Boop, lui lança : « Il ne suffit pas à une femme amoureuse d'exiger de son homme qu'il le demeure envers elle pour exiger de lui sa fidélité dans la chair. On n'exige pas d'être aimée fidèlement de son homme, on agit pour que cela soit, à travers sa féminité. Le mariage ? Qu'un homme dise à sa promise : « je peux un jour te tromper, car je suis faillible, qu'est-ce que cela change de le dire ?... Rien ! Cela peut arriver ou ne pas arriver. Il ne s'agit pas d'exiger, mais de se rendre aimable, chacun dans sa partie, envers l'autre. » Le bandit la prend alors sur ses genoux et lui assène une bonne fessée. La belle s'agite comme une poupée désarticulée. Le mot FIN apparaît. Le film s'arrête.

*

Sarah m'apparaît en songe. Son visage illuminé surgit d'un fond noir et blanc. Sarah est sous les traits de Robin des Bois, une petite moustache posée sous son nez comme la trace mousseuse sur quelque lèvre au sortir d'un bol de lait. Je pense à Erroll Flynn. Ses yeux semblent le ciel, son regard est magnifique. Je la vois, magnifiée dans son rôle, dire, comme si le drame d'un amour impossible se dressait face à son partenaire : « En matière d'amour, les femmes ne connaissent intrinsèquement qu'un substrat paradoxal de l'éthique (ce qui est bon ou mauvais, *dans le rejet d'un déploiement de la raison ordonnée mais par celui plus sensuel de l'instinct*) et non la morale (ce qui est bien ou mal, selon référence à ses règles). C'est pourquoi, seule la conclusion marquée par la décision les préoccupe lorsqu'il s'agit d'être aimé et non le « comment » qui fait entrer dans la Morale. Leur morale repose sur la satisfaction éthique et ne dure que ce temps. L'éthique de l'homme repose davantage sur la satisfaction morale et dure. Aussi, les femmes sont dans la passion et le demeurent, tandis que l'homme sain évolue et s'en libère pour tendre à une raison moins matérialiste que spirituelle. Il n'existe pas de femmes prêtres. Si elles vivent la morale, c'est en tant que mères (appréhension animale du bien) ou en tant qu'épouses aimant vraiment leur mari, lequel exercice n'est jamais sans posséder quelque forme du sacrifice.
En componction, elles souffrent *compassionnellement* en passion devant le malheur d'autrui sans jamais être passionnément compassionnelles. »

*

Le grain de blé qui tombe hors le sol meuble ne donne aucun fruit, cependant qu'il semble survivre en lui-même. Celui qui tombe en terre donne des fruits et survit ainsi à lui-même. Ce que Dieu a donné à posséder n'est pas témoin de propriété mais de don.

*

Qu'une puissance extérieure impose au couple un cadre ne suffit pas. Il faut aussi que l'homme sache donner un cadre à son couple et ce, pour quantité de bonnes raisons, bien que la principale (à ne jamais oublier) soit que sa femme ait besoin qu'il accomplisse ce geste pour témoigner auprès d'elle de la singularité accomplie de sa virilité ; virilité qu'elle lui réclame (sans le lui demander ou sans en avoir pleinement conscience) pour pouvoir l'aimer.

*

À l'amour inconditionnel, la société a substitué l'amour conditionnel.

*

Quand problème insoluble. STOP. Retourner à la racine. STOP. Échange d'énergies. STOP. Lieu des déséquilibres. STOP. Degré zéro des ego en jeu. STOP. Sarah.

*

Misère chez les paysans de l'ancien régime ? Ils avaient froid chez eux ? Dans une pièce de vingt mètres carrés, mettez douze personnes auprès d'un feu, et voyez s'il ne fait pas chaud !

*

Mais je répondis à Sarah : « La femme est si importante à l'homme. Si importante en soi et au monde, si essentielle, fondamentale. Face à l'homme, elle le soutient sans compter les jours. Elle le revivifie, le soigne, l'épaule. Elle est tour d'ivoire, ciel, rivière et, quelques fois, chemin. Quel combattant qu'une femme qui aime ! Elle est dans l'aurore et la nuit, elle est là, elle est partout dans le soir et elle demeure. Elle monte la garde, marche un broc énorme dans chaque main, elle fore en usine des plaques métalliques de deux cents kilogrammes, elle monte les marches de sa demeure cent fois par jour, elle donne à manger aux siens, fièvre ou sans fièvre, met du rouge à ses lèvres chaque matin pour cacher les échos de sa chambre, et revient vers cet amour qu'elle s'était choisi, revient sans cesse, vague après vague, et fait figure de savoir nager alors qu'elle ne le sait pas. Elle sourit au milieu des eaux troubles et tandis qu'elle lutte pour demeurer, elle parvient cependant à nager. Et dans le soir, se forme un sillage dans ces eaux noires, comme la traîne d'une robe immaculée recouvrant la mer. »

*

« La femme accomplie est puissance. Que les hommes aillent vers leurs femmes comme on retourne en son pays. Qu'ils aillent vers elles comme on gagne un refuge. Qu'ils leur rendent gloire en se laissant prendre dans leurs bras, leur tête éprouvée au repos dans ce matin calme. Qu'ils leur montrent à quel point leur puissance est un phare dans la nuit, qu'ils réveillent en elles l'amour rédempteur et maternel dont elles ont le besoin. Que cette grâce leur soit rendue pour qu'elles aient la force de fouler aux pieds tout pouvoir se gorgeant d'un ego prédateur et fraternel. » me rétorqua-t-elle, tandis que tous deux, enlacés de telle sorte que l'on nous eut crue dansants, le souffle de Sarah parvenait encore à mon oreille.

*

On ne désire jamais quelqu'un mais quelque chose.

*

Les penseurs, scientifiques ou philosophes, ont tous leurs sièges posés devant les trous de serrure de la connaissance. Regardant au travers de ces ouvertures, ils cherchent, en balayant de l'œil l'espace confiné, Dieu. Chacun tente. Foucault invente son trou de serrure, mais cherche aussi Dieu. Dans cette posture courbée et figée résident l'essence de l'Homme et le témoignage de la créature envers son créateur.

*

Sarah m'avoua qu'elle aimait trop le monde que pour aimer les autres.

*

La société moderne produit des êtres schizophrènes au sens où elle fait promotion d'une normalité contradictoire. D'un côté, l'Homme doit penser, avant tout, à ceux qui souffrent, donner pour aider les autres, et dire que sans les autres, il n'est rien. De l'autre côté, il doit se connaître, avant tout, unique, incomparable, et sacré en sa nature à être Homme. D'un côté, il doit viser au général de l'humanité avant tout, de l'autre se reconnaître singulier avant tout.
Les êtres qu'elle produit ne sont pas de type schizophrénique par nature, mais par posture à cause d'une égalité revendiquée consistant à mettre sur un même plan, ce qui relève de l'ego de ce qui relève du cœur.

*

Défilés et prides comme bruit de bottes sur les avenues. Sang et abus. Parfums de poudre pour les obus.

*

Certaines gens donnent des preuves d'amour sans compter ni discontinuer et vivent cet état comme le fait sûr qu'ils en sont remplis. D'autres se ressentent comme emplis d'amour et gardent en eux ce plein pour le demeurer.

*

Isabella me demandait tant. Ses yeux m'apprenaient qu'une femme veut se sentir désirée par son homme. Le fait même d'être désiré est essentiel et premier. La soumission, interdite à la verticale, se révèle le principe d'attractivité à l'horizontale. Ce n'est pas la soumission qui pose problème (car l'homme a besoin de soumettre pour son orgasme et la femme d'être en soumission pour connaître le sien. L'homme prend et la femme donne). Si elle désire son homme, elle ne vit pas cet état comme un fait d'oppression mais comme une libération. En revanche, si elle ne l'aime pas, elle le vit comme une humiliation suprême et trouve alors son plaisir non dans l'amour mais le pouvoir.

*

Le Christ dit que l'on reconnaît un arbre à ses fruits mais il affirme aussi que le pardon sincère, charitable peut nous ressusciter. Ne serait-ce pas que dans sa parabole sur les arbres, il nous incite à voir quels sont les véritables fruits ? Et, si ce ne sont pas les fruits eux-mêmes, qu'est-ce ? Ne serait ce pas leur saveur ?
Si l'on reconnaît un arbre à ses fruits, un homme ne peut-il changer ? De quels fruits s'agit-il ? Et en quelle saison ? Ou, serait-ce derrière les fruits visibles, un fruit autre (comme peut l'être la lumière pour un peintre de Sarah) ?
Est-ce que telle variété d'arbres reste ainsi déterminée ou, selon leur comportement, les fruits changent-ils ?
Si la parabole devait se comprendre au sens littéral, alors tel homme resterait tel, quelles que soient les preuves de sa rédemption. Et le pardon serait mot-vide.
Ou bien, absous par une rédemption véritable, l'homme repenti deviendrait un autre arbre. On ne pourrait pas parler, pour autant, de résurrection au sens où elle est un procédé de régénération de soi. Ne plus être soi, mais être un autre neuf, c'est effacer la valeur de toute destinée et, par la même, celle de la mémoire. Qu'en serait-il du pardon véritable ? Quelle espèce de rédemption promettrait l'oubli de soi quand il s'agit, à travers elle, de parvenir à s'épouser ? Passons sur la thèse d'une lecture quantitative de l'énoncée, si peu probante.
La résurrection est-elle un divorce ou un mariage ?
Faire acte de rédemption n'est-ce pas réaliser, par l'intercession de Dieu, le triomphe de cette partie de soi qui veut son « tout » en vertu, et le rejet de cette partie de soi qui s'adonnait au péché ? D'ailleurs, dans le cas inverse, comment un homme, dont le « tout » n'est voué qu'au péché, pourrait-il faire acte de volonté à se purifier si aucune partie de lui-même n'incarnait cette volonté ? Serait-il dans le dessein de Dieu d'abattre sur l'homme de péchés le miracle du repentir ? Pourquoi avoir deux jambes si ce n'est pas pour marcher ?
Il est des frontières étroites entre l'âme vivante et l'âme morte.
Que de subtilités et que de couleurs !
Ces fruits si merveilleux qu'ils mutent sont fruit par autre chose. Ce peut être leur saveur, parfum, couleur, densité ou encore frémissement.
Un bon pommier donnera de bonnes pommes, un mauvais de mauvaises. Sur une

même terre, sous un même soleil, tel pommier donnera des pommes gâtées, tel autre, des pommes charnues et sucrées.
L'amour du soleil donne le sucre au fruit. C'est là le sens. Étroit est le chemin de sa compréhension. Ainsi, il nous est demandé de reconnaître la primauté du sentiment sur toute autre chose, le goût de l'âme et non l'âme elle-même.
Les histoires d'amour sont des histoires de goût. Les psychothérapeutes peuvent, sans doute, guérir les âmes en souffrance, combien d'entre elles auront du goût ? Et combien de fois cette vérité peut-elle se cacher derrière l'alibi du couple ?
Il est à croire que ce n'est pas tant un cuisinier qu'il faut aux âmes que ce condiment qui donne le sucre et le miel. Un cuisinier peut-il inventer le miel ? Qu'une âme guérisse de ses affres, l'intensité de sa douceur nouvelle, si tant est que cela puisse se faire, sera de quel ordre ? Ersatz ou miel véritable ? De Sarah ?
L'eau et le sucre jamais ne remplaceront les abeilles et il en va de la saveur de l'âme comme il en va de l'intelligence vive si peu commune entre tous.
Être enfin rempli de soi et voici qu'en couple, tel un frigidaire bordé jusqu'à la gueule d'eux-mêmes, l'homme et la femme pourront se servir à loisir et se rassasier. Pour autant, combien de soirs, se retrouveront-ils ensemble à la table ? Combien de fois assisteront-ils à cette scène où l'un aura mangé en dix minutes tandis que l'autre aura l'appétit d'y demeurer plus d'une heure ? Combien de jours sans fête seront à connaître ? Et finalement, serait-il heureux que l'on nous donne la certitude qu'être en appétit peut s'apprendre ?
Qu'en serait-il de ce mystère où, à la table des cantines, tandis que trente gamins dévorent leur chocolat, un seul fasse figure de gourmet au point d'en créer des gestes sublimes ?
La plupart se mangent pour ne pas être mangé par eux-mêmes, mais seuls quelques uns se mangent pour le goût qu'ils y trouvent.
Il n'est pas d'appétit véritable qui ne soit appétit de la vie, c'est-à-dire de soi. Celui qui sait manger, se mange. Celui qui sait aimer, s'aime. Celui qui sait travailler, se travaille. Paradoxe d'une aliénation qui libère, ce mouvement est celui de la joie véritable, transitivité incontournable à toute puissance, et exacte contraire de l'état tant recherché du bonheur.
Au cœur des restaurants, ceux et celles qui savent se mettre serviette au cou n'auront jamais goût pour la corde, à moins que, palais fins, ils y trouvent une saveur supérieure.

Séduire, c'est entrer sans frapper. C'est vouloir entrer dans le cœur d'autrui par effraction. C'est pénétrer dans sa pénombre pour voler ce qu'il se prête et violer ce qu'il désire.

*

Les femmes qui vous déshabillent du regard pour le seul plaisir de vous voir prendre une veste.

*

Sarah me fit cette confidence : « L'amant d'une femme est son enfant, son mari est son père et son père est son homme. »

*

La vie d'une femme mariée est un jeu d'adresses. Idem pour le mari, mais au singulier.

*

Mon orgueil trouve le temps long à se vouloir connaître.

*

La patience qui a ses limites est bien souvent une exigence.

*

Une lettre jaunie par le temps en bas de laquelle on pourrait lire : « Madame, vous voudrez bien m'excuser de ce que je vous écris sans raison particulière sinon celle d'exister sur vos lèvres lorsque vous me lirez. »

*

Tandis que Sarah avançait son fou, elle me lança : « Peu de femmes savent jouer convenablement aux échecs, car, quand le sort l'exige, elles ne peuvent se résoudre à sacrifier la reine ».

*

Sac à main : ustensile d'importance ayant pour vocation ultime de rendre ordinaire le moment où le mari surprendra sa femme la main dans le sac.

*

Les femmes n'ont jamais inventé aucun art pour la raison qu'elles en sont l'œuvre. Tout modèle est promis à la pose pour le regard.

*

Ascenseur : Engin mécanique conçu pour l'ascension. Moyen de rédemption simulée, le transport, auquel il invite, libère les corps de l'apesanteur et cache aux regards le dévoiement de leur destination.

*

Les femmes n'ont que faire des violons à moins que la main qui tient l'archet ne s'exerce devant elles.

*

Les miroirs n'ont été inventés que pour permettre aux femmes de passer entre deux histoires d'amour sans jamais devoir s'en rendre compte.

*

Alors que nous sortions de l'Opéra, j'étreignais Sarah Isabella fougueusement avant de lui asséner un baiser brûlant de fièvre. Le baiser donné, perdue dans mes bras, les yeux mi-clos, elle me lâcha : « Une femme honnête ferme les yeux lorsqu'on l'embrasse. Quand je dis honnête, je veux dire honnête avec elle-même. »

Si le ciel est bleu, ce n'est que pour garder les hommes dans l'espérance de leur vie et les femmes, dans l'assurance qu'ils le sont.

*

À chaque fois qu'une femme tourne le dos au célibat, un homme est dos au mur.

*

Le ciel est bleu, la rose est rouge et l'amour est violent.

*

Une femme qui rêve, le monde l'épouse.

*

« Les gens qui prétendent aimer confessent vouloir l'être. » affirma Sarah.

*

Au moment de la rupture entre deux êtres, la phrase : « Désormais, il n'y aura plus rien entre vous et moi », ne se peut dire. Car, dire « Il n'y aura, désormais, plus rien entre vous et moi » revient à dire : « Il n'y aura, désormais, entre vous et moi, plus rien d'autre qui ne soit vous, plus rien d'autre qui ne soit moi ».

*

Tout être, chose ou contexte, est constitué d'une volonté et d'une capacité.

*

L'éthique est l'art de la puissance. La puissance est l'art de la marche. La marche est l'art de l'oubli de soi. L'oubli de soi est l'art de la négation du pouvoir et par là de la connaissance. Sarah marchait loin.

Un homme qui fait le mal se trompe de bien, mais un éléphant mauvais enrage de le savoir.

*

La passion du chameau est de s'abstenir de boire.

*

Araignée : camée des mauvais jours.

*

Sarah et moi étions sur les récifs. Je regardais ma créature user d'un bâton pour dénicher, sous les rochers, quelques crabes et autres fruits de mer. Comme elle était forte de ses mouvements gracieux, de sa dextérité, de sa danse, de sa sensualité !
Tout à coup, un tentacule s'enroula autour de sa cheville. On eut dit un bracelet d'albâtre mis à cet endroit comme en portent quelquefois les danseuses d'orient.
Aussitôt, je la vis frapper le céphalopode avec tant de conviction et de violence qu'elle me troubla par ses gestes assurés.
Et tandis qu'elle faisait la peau à ce poulpe, elle se mit à me délivrer ce message : « Nous, les femmes, savons, par instinct, tuer le poulpe et la pieuvre. C'est leur art que de troubler la clarté des fonds quand, lasses d'avoir dansé devant le prédateur, ces bêtes le perdent en confusion par le jet de leur encre. Mettre le trouble dans la clarté, cela leur est aussi naturel que d'uriner.
Prenons l'exemple de la pièce de Manuel de Oros, *Bailes fúnebres*. Cette passion entre José et Consuela rappelle le corps-à-corps entre un homme et une femme pris dans un tango argentin. Disons, que le rythme de leur histoire est composé de fractures récurrentes. Tantôt se séparant, tantôt se retrouvant, ils oscillent, à l'image de la danse, entre ces convulsions de leur amour qui témoignent de ce qui prévaut entre eux comme plaisir insatiable et orgasmes spasmodiques.
Viendra l'heure des confessions. José, pour dessein de la rassurer, lui dira ce qu'il ne devait pas lui dire. Il le fera, car, elle lui aura souvent répété que la confiance qui est nécessaire à son bonheur, passait par la sincérité et les preuves de son

honnêteté envers elle.

Il lui expliquera les raisons qui, par deux fois, l'auront poussé à vouloir l'oublier dans les bras d'autres femmes. Il s'escrimera à en rendre tout le contexte, ces ruptures longues d'un mois chacune sans un signe d'elle, le poids de leurs différends irrésolus, de son amour pour elle et de son malheur. Il conclura que, devant ces faits, il ne put jamais se résoudre à la tromper tant son corps y fut rétif. Il lui dira aussi tout l'envahissement de ses questions restées sans réponses, le désarroi qui fut sien et qui le poussa à se confier quelques fois auprès de ses proches.

Alors, Consuela lui avouera qu'elle aussi, un soir de bal, après une dispute entre eux, elle dansa de manière très « serrée » auprès d'un homme marié, qu'elle se confia à lui, qu'ils se tinrent la main, mais que, au demeurant, elle ne l'avait pas, non plus, trompée.

José, sans recul, sentira un trouble l'envahir. Bien que, ne pouvant se l'expliquer, le voici dans le sentiment d'une gêne intense et dans le déni de sa présence au regard d'une si parfaite symétrie de gestes et de motifs entre leurs deux confidences.

Et pourtant, eut-il eu à dessein, au soir d'une dispute entre eux, de faire corps langoureux avec une inconnue mariée ? Un mois passé, sans nouvelles d'elle, est-il comparable à la brouille d'un moment qui n'augure d'aucune fatalité au jour suivant ?

Lui, qui ne put la tromper pour en faire l'oubli, resta une heure auprès de cette femme et, tout empli d'une réponse qu'il ne possédait pas, regagna sa chambre avec la certitude que ce qui faisait défaut dans son couple, c'était l'engagement du mariage auquel sa belle attendait qu'il souscrive.

Elle, passa sa nuit avec cet homme marié, dansa et, par moments, se confia à lui au sujet de son couple. Elle regagna sa chambre vers cinq heures du matin.

Au troisième acte, il revient vers sa moitié plein de compassion et d'égarements tandis que le lendemain de sa nuit de bal, Consuela lui adresse un mot, au milieu de l'après-midi, pour lui dire qu'elle rentrait, que tout aller bien, banalités que l'on se dit lorsque le ciel est azur et que tout est sous le soleil de Sarah.

Mais sur le moment de leurs confidences échangées, ces choses ne lui viennent pas.

De même, la confidence qu'il aura eue avec ses proches et cette femme, est-elle comparable avec celle que son amie aura eue avec cet homme marié ?

La confidence a ceci de particulier que, toujours, elle répond de l'exigence de la

nécessité alliée à une pudeur qui jamais ne vous quitte.
Outre la motivation profonde qui, chez José, consistait à trouver la clé d'une solution qui lui manquait et, ce faisant, ne l'invitait nullement à la danse et à l'oubli de soi, celle de sa compagne pouvait-elle décemment, se résumer à une quête semblable ?
Se confier, c'est un peu se mettre à nu. Torse nu, il se laissait ausculter par un médecin. Palpée dans ses formes, elle se laissait diagnostiquer pour une tout autre raison.
Et quand même ce ne fût pas le cas, il n'en demeurerait pas moins que Consuela lui confiait son irrépressible besoin de conjurer sa contrariété dans les bras d'un homme marié qui, ne demandant pas mieux, obtenait de surcroît son estime.
Toutes ces choses, José ne pourra le lui dire dans le moment de leur échange. Trop confus pour en être lucide, il se serait vu répondre par sa compagne, dans le cas contraire, que lui aussi, au regard de son mal-être, s'était réfugié dans les bras d'une inconnue.
Cependant, il restera toujours un charme que l'encre ne pourra pâlir, celui d'un homme confiant à sa femme ses atermoiements par amour pour elle et les nuits sans fin où il attendait son retour.
Et celle d'une femme confiant à son homme ses atermoiements par amour pour lui et la nuit sans fin où elle convoita ce plaisir singulier de s'abandonner dans les bras d'un homme marié qui lui rendit bien par la palpation de ce corps qui se donnait à lui sans jamais se donner tout entier.
José aura-t-il eu le désir de poursuivre avec cette inconnue pour en faire sa confidente, une fois revenu vers sa femme ? Certes, non. Consuela aura-t-elle eu envie de poursuivre cette relation de confidences avec cet homme marié ? Elle aura eu cette envie, même harassée.
Une femme qui soupire l'homme de son cœur ne va pas s'abandonner dans les bras d'un homme marié ou si elle le fait, le plaisir n'est jamais loin de la souffrance. En ce cas, son amour pour son homme, lors de leurs déchirements, lui fait tant mal qu'elle est face à l'absolue nécessité de le tenir à l'écart comme la douleur qu'il engendre en elle. L'homme marié n'est alors qu'un moyen de s'en détourner l'espace d'un instant. Innocence et pureté peuvent, quelques fois, nourrir la tyrannie. Esclave de son cœur par son amour de l'amour, aliénée par lui, cette femme est, alors, son propre bourreau et sa propre victime. À la lumière du jour, sous le jeu des apparences, son homme revêt l'image d'un monstre et sa culpabilité

est permanente. Sous un ciel ne pouvant être que bleu, où l'amour est un idéal sans cesse inassouvi, le faiseur de nuages, par sa maladresse, est jugé du crime d'avoir été juge. Sous ces cieux, le juge est condamné. Son bourreau est sa victime, et il se surprend à l'aimer. Par amour pour elle, il sert son idéal afin de se rendre digne de son amour. Sous un tel ciel, personne n'est libre. Les enfants pleurent, les femmes se lamentent et les hommes s'éreintent. Où commence et où finit l'innocence ? Une eau est pure que si elle chante.

Quand ainsi, dans le trouble et le ressentiment, tu te sens entouré d'encres, regagne la rive et retourne vers le soleil.

Et laisse la pieuvre aux courant marins, c'est son monde, non le tien ! »

Ne restaient de ces mots que la houle et nos deux corps vibrant sous le vent.

*

Tout être est des vices et des vertus. Il s'agit là de potentialités. Toute femme a le désir du matador. Tout homme a un penchant pour la catin soumise. Potentialités ne veulent pas dire effectivités. *Avoir* n'est pas *être*. Ce sont des couleurs. Alors, sous prétexte d'amour, on condamne l'autre de les avoir au lieu de reconnaître la beauté des couleurs. Aimer vraiment, en ce sens, est plus humble. C'est savoir l'autre possible pécheur, sous l'empire de sa nature, et l'aimer quand même. L'aimer, malgré ses avoirs de couleurs. L'aimer plutôt pour ce qu'il est. Comprendre justement qu'avoir n'est pas être. Que s'édifier dans un tel relief est beau. L'aimer quand même. Laisser faire Dieu dans ce qu'Il lui appartient (selon Sa propre volonté). Laisser l'amour faire le reste. En acceptant en soi l'existence de ces potentiels, se promettre à la purification et, à travers l'autre, aimer vraiment la vie.

*

« Ah, comme une femme qui saurait te mentir te serait douce ! Une vérité chasse l'autre, seule la beauté demeure. Abstiens-toi de ne vivre ailleurs que dans la sensualité. Reste dans l'extase, ne t'en écarte pas ! » Mots de Sarah.

*

J'ai pressé mon cerveau comme on presse un agrume plein de jus.

Le marquis de Sade est, sans doute, le premier psychothérapeute. Son œuvre semble montrer la schizophrénie de la femme qui, dans l'orgasme, cherche, pour une part, à se détruire (Juliette) et, pour l'autre part, à se survivre (Justine). Et c'est, nous dit le penseur, dans l'expérience du vice qu'elle se survit à elle-même tandis que dans la préservation de sa vertu, elle s'ennuie irrémédiablement à mesure que la vie qu'elle s'était rêvée a le goût à se désintéresser d'elle.

*

Et cependant, s'il en est ainsi du versant de son être promis à sa nuit intérieure, son pendant, voué au jour, donne à la femme qui a aimé, des larmes plus claires que l'eau pure. Je regardais Sarah.

*

Sur dix hommes prétendus innocents, huit le sont par bêtise. Le neuvième le doit aux femmes. Seul le dernier l'est par vertu, mais celui-là, justement, l'ignore.

*

S'il est laid, le monde le lui pardonne. S'il est beau, il est, aux yeux des femmes, coupable de l'être, puis, une fois corrompu, coupable de ne pas avoir su le demeurer.

*

Si les hommes ont un parfum de poudre, les femmes ont un parfum de poivre.

*

Une femme ne marche pas. Son corps balance toujours entre deux vérités comme entre deux âges. Serrure laissant un fil à sa traîne au bout duquel tinte une clé, elle distrait les enfants et intrigue les serruriers.

*

De mémoire de fourmis, la mort a le pas d'une femme.

*

Quelle est la définition d'une fleur ? Calice, pétiole, sépales, pistil, corolle, pétales et tige, ou bien parfum ?

*

Prêter aux femmes une confusion de sentiments et aux cieux, une profusion d'humeurs, c'est être un peu dans la posture d'un peintre que son œuvre inventerait.

*

Est-ce l'oxygène qui s'abandonne au ballon ou le ballon qui s'abandonne à l'oxygène ?

*

Il n'est pas un régulier des bars qui n'ait eu dans sa paume droite la main de sa mère, et dans la gauche un ballon rouge l'ayant quitté un jour de carnaval.

*

Main : espèce de pelle à tarte ou truelle pour recouvrir les blessures de nos murs.

*

Femme : autre partie de soi pour les drapiers. Rires de Sarah.
Minerai fossile du Droit ou bien charades.

*

Trompette : bâton de réglisse aux reflets de cuivre dont on embrasse le fondement pour dénouer nos langues de tout leur désaccord.

*

Dès lors que je croise une table, je ne peux m'empêcher de penser et oscille entre deux souvenirs. Image de cette maîtresse chez qui je m'en allais et qui ne pouvait résister, à chacune de mes venues, au plaisir pervers de se mettre à quatre pattes que pour cirer mes chaussures. Image de ma mère superbe d'amour qui, lorsque enfant, je devais sortir, se mettait à quatre pattes pour lacer mes souliers. Au feu de ces souvenirs, mon cœur se tait tandis que ma main s'abandonne.

*

Pour avoir la paix de l'amour, il faut avoir l'amour de la paix. Celui ou celle qui cherche l'amour avant que de chercher la paix, considérant que c'est l'amour qui engendre la paix, aura la guerre. Celui ou celle qui cherche la paix avant que de chercher l'amour, considérant que c'est la paix qui engendre l'amour, aura et la paix et l'amour. (et Sarah)

*

« Une femme adolescente » connaît, par sa nature, tantôt un déni complet de sexualité, tantôt une passion aveugle envers elle. C'est que sa nature inaccomplie et scindée en deux: virginité d'un côté, concupiscence de l'autre, n'a pas connu la fusion contenue de ses parties. Contrairement à la femme adulte dont la propriété naturelle est la communication des deux choses pour un équilibre libérateur et une cohabitation harmonieuse de ces deux faces de sa nature, « la femme adolescente » est à l'image de l'adolescente même, bien que cette dernière, du fait de son innocence, ne puisse se prévaloir d'une délectation aussi grande du vice. Car si le vice est une fleur, sa tige se nomme connaissance. C'est pourquoi la « femme adolescente » est toujours victime d'elle-même, car, dans un jeu de va-et-vient, sa part virginale est brûlée par sa part concupiscente ou bien sa part concupiscente est souillée par sa part virginale. Enchaînée à son désir, elle se répand dans le plaisir de la chair avec d'autant plus d'ardeur que sa part virginale est puissante. Or, plus cette dernière part préside en elle, et plus elle aura pour réalité le cadre d'un couple fidèle et exclusif tandis qu'elle aura pour rêve enfoui le libertinage le plus dévoyé. De fait, désirant ce qu'elle se refuse tout en se refusant à ce qu'elle désire pour la nécessité d'en jouir, elle invente une autre forme de la luxure au sein du cadre saint du couple en y plongeant, dans le tréfonds de son abandon, le vice d'une nature débauchée, toute gorgée du plaisir que lui procurent ces convulsions d'elle-même sur elle-même. Forme d'onanisme cachée derrière le plaisir donné à l'autre, la « femme adolescente » est un serpent à sonnette qui passerait son temps à se mordre la queue, jouissant d'en souffrir et souffrant d'en jouir.

*

Il faut s'interroger sur ce paradigme : le scorpion fait-il le mal lorsqu'il pique ? Non, car il accomplit sa nature telle que voulue par Dieu. Il peut piquer dans trois cas : pour se défendre, se nourrir ou se supprimer. À échelle des femmes, on peut retrouver cette posture consistant à piquer comme une partie de leur nature : pour répondre, pour séduire ou pour pleurer. Un homme qui se surprend scorpion, à ce titre, ne l'est qu'en conséquence d'une incapacité à accomplir sa nature (manque de volonté, manque de capacité, manque d'amour, orgueil, bêtise, vanité, luxure, mauvaise foi, fausseté, partialité... Dans sa nature propre, l'homme pique pour défendre les siens, nourrir les siens ou posséder ce qui n'est pas sien). Or, si l'une de ces femmes reconnaît, auprès de ses victimes, cette disposition comme une partie intégrante de sa nature, elle ne fait pas le mal. Elle exprime sa nature et l'accomplit par le fait même à la reconnaître (préalable à ce qu'ensuite elle puisse la faire exister sans nuire aux hommes ni à Dieu). Aussi, bien qu'elle ait piqué l'homme ou sa sœur, en reconnaissant sa nature, elle l'accomplit et se préserve de piquer Dieu. En revanche, pour celle qui nie sa nature (et se trouve ainsi hors nature), elle fait alors véritablement le mal en piquant à la fois, et ses victimes et Dieu. Sans compter qu'alors, sans s'en rendre compte, elle se pique aussi elle-même ainsi que Sarah.

*

Si tu es victime d'une injustice et que ta situation soit problématique, demande-toi pour qui en es-tu contrarié. Est-ce l'injustice faite envers toi ou celle faite à Dieu à travers toi ? La plupart des gens, dans une telle configuration, vont chercher à se distraire, oublier un instant le problème crucial auquel ils sont confrontés. Ils vont se réfugier dans le travail ou la distraction avec une telle énergie qu'ils paraissent confiants quant à la solution à trouver. Ils semblent agir comme si, quelque part, le hasard, Dieu, le destin ou leur bonne étoile était dans l'obligation, devant cette injustice faite à eux-mêmes, de se manifester pour remédier au problème. Cependant, si tu es sincèrement touché par l'injustice faite à Dieu à travers toi, tu t'empresseras d'agir pour réparer la faute et que triomphe la gloire de Dieu. Tu agiras à l'inverse de la majorité, et te focaliseras sur le problème selon le diktat de ton cœur. Ainsi, se faisant, tu t'aideras et le ciel t'aidera. Derrière les apparences, où nombre de gens peuvent sembler capables d'abnégation, de retenue, et de foi en Dieu et où celui qui affronte un problème comme si son salut en dépendait fait figure de fou, se cachent des réalités contraires. Car, en matière d'abnégation, c'est, en vérité, celui qui bat le fer dans la forge, au point d'en oublier son cœur transpercé, qui est moral, tandis que ceux qui semblent accepter leur sort sont gonflés d'un orgueil qui ne connaît point Dieu, ni Sarah.

*

Les représentants de la démocratie ont leur prière : « Si cent idiots disent, ce chat blanc est noir, le sage qui affirmera que ce chat blanc est blanc aura tort. »

*

Conférer à toute chose pouvant être pensée la qualité d'un trépied. Lui connaître toujours trois spécificités essentielles : soit deux spécificités matérielles et une qui soit spirituelle, ou bien deux spécificités spirituelles et une qui soit matérielle. Exclure la reconnaissance de trois spécificités d'un même genre.

*

Ne pourrait-on voir dans le problème démographique de la surpopulation le fait que le ventre puisse tuer le ventre ? Or, pour le croyant, la vie étant un bienfait, et la volonté de Dieu parfaite, serait-ce à dire que cela doit se comprendre sur un autre plan ? Dieu pourrait-Il avoir voulu que nous vivions cette époque justement particulière par son caractère à s'annihiler ? Ou, nous montre-t-il le danger qui sépare l'esprit de progrès de celui essentiellement progressiste ? Une redistribution égale des richesses, quand même à un moment T permettrait de circonscrire les effets pervers de la surpopulation, ne pourrait empêcher à terme, par le jeu d'un progrès continu (prise en compte de la caractéristique d'une courbe devant atteindre à un moment donné une limite insurpassable) et par l'effet résiduel cumulatif des vagues démographiques, une baisse égale de la portion unitaire de bien-être. Catastrophes naturelles, guerres, épidémies ont-elles un rôle sanitaire de régulation ? Le lion mange la gazelle, l'ours des saumons, la baleine des planctons et il semble que la nature pourvoie toujours aux besoins. Injustice de voir la vie tuer la vie, et cependant la vie demeure, elle survit. Alors lorsque l'on avance le caractère sacré de la vie, de quelle vie parle-t-on ? Qu'est-ce que la vie ? Le sacré est-il dans cette lumière qui nous appartient ou bien dans cette lumière qui ne nous appartient pas ? Sommes-nous le mystère de la vie ou la vie du mystère ? Qu'est-ce que l'humilité véritable ?

*

Il faisait beau cet été-là. Nous étions assis au milieu d'un champ de blé. L'air fouettait les épis qui dansaient à perte de vue. Il faisait chaud, le soleil nous brûlait. Sarah portait une robe blanche légère et dentelée, ses cheveux dans le vent donnaient à la scène le caractère solennel d'un instant immortel. Nous écoutâmes danser le blé jusqu'à ce que tombe la nuit, la nuit et son cortège d'étoiles. La posture figée de deux êtres au milieu de cet infini. Cette posture du mouvement arrêté tel un marbre dans le marbre. La pose inouïe du monde endormi et le temps où la vie s'oublie avant que de renaître. Puis, ce moment éclos comme un blanc nénuphar, le frissonnant balbutiement du moment rendu à l'existence, son déploiement hésitant, son lent devenir, et le feu dans son râle comme un refus à mourir. Sarah tournait son corps étendu dans les blés. Sarah tournait son corps qui s'endormait.

*

Le monde est une piste de danse où tous les oiseaux viennent et chantent. Sur ce grand parvis, se croisent jongleurs de nombres, danseurs fabuleux, montreuses d'ours, cracheurs de feu, mimes de passages et diseuses de bonne aventure. Nous sommes dans cet ailleurs. Du moins le monde pourrait-il se présenter ainsi si tous ses enfants n'étaient grimés du seul costume autorisé par convention: le deux-pièces cravate et sa déclinaison féminine du tailleur. Le monde est devenu une vaste scène de théâtre et tout ce peuple grouille pour aller cueillir son gagne-pain. Le lieu a été redessiné selon les plans d'avenues larges et tracées à la corde. L'aspect général est celui d'un quadrillage qui permet une circulation fluide et continue. On y travaille jour et nuit. Cette grande marmite, comme le démiurge, bouillonne et tout en elle n'est que feu. Le rouge en est la couleur dominante. Plus qu'une tendance, c'est le code qui rassure et qui bat le rappel. Le flot continu des hommes et des femmes rythme le pouls de la vie au cœur de la cité. Ce flux fait de chair et de sang inonde les artères de la ville sous le joug de pulsations longues et poussives.

Tout comme les globules blancs et rouges qui parcourent notre corps, il y a les riches et les pauvres. Tout comme les lois de la physique l'exigent, ils ont chacun leur rôle, mais répondent d'une même action à l'injonction du souffle. C'est la voix qu'ils écoutent. C'est la voix qui ponctue leur journée et c'est celle qui les suit dans la ville. Derrière le dédain qui les unis, ils vont et viennent ensemble de rues en boulevards, tantôt montant, tantôt descendant selon la convulsion ventriculaire qui les porte. Perdus parmi eux, ils s'ignorent et vont dans leur vie pour la seule raison que cela leur est permis. Les voitures filent tels des bolides semblant voler au-dessus des doutes. Cependant, la marche est le moyen de transport le plus communément partagé. Les immeubles montent haut dans le ciel et chaque quartier ne s'ouvre aux piétons qu'après que ceux-ci eurent glissés leur passe dans les fentes des appareils de régulation prévus à cet effet.

À l'extrême-ouest de la ville se situe la bibliothèque municipale. Au premier étage du bâtiment se croisent des allées interminables. Dans ce dédale dévolu au savoir, trône le bureau d'accueil de la préposée. Sarah, une jeune recrue vient d'y prendre son poste. À sa droite se tient un téléphone directement relié au bureau du Directeur. À sa gauche, se trouve un ordinateur à l'écran aussi transparent que l'eau. Elle y contemple un visage. Un visage fort beau dont la peau est aussi blanche que l'albâtre. Ses lèvres rouges sont le lieu de sourires ingénus qui semblent des fruits. Ses cheveux auburn, portés en chignon, coiffent une svelte silhouette que laisse deviner la vareuse conventionnelle de couleur rouge qu'elle se doit de porter. Si l'on devait lire en elle, on y verrait la grâce et l'innocence de la jeunesse. Il suffit qu'elle empoigne de sa main le combiné du téléphone pour que cette situation d'ordinaire insignifiante se transforme en un geste délicieusement érotique. Ses gestes paraissent d'ailleurs particulièrement lents, un peu comme si le temps s'arrêtait l'espace d'un instant. Mis en situation lorsque tout ce corps se met en branle et qu'elle arpente les longs couloirs obscurs, laissant à sa traîne clientes et clients, on est sans doute sous le charme de cette démarche câline et l'on prit en secret pour que le chemin ne s'arrête.

Assise derrière le comptoir d'accueil, ses grands yeux à hauteur de vue, elle voit passer quantité de mains tenant entre leurs doigts les formulaires contresignés par le Directeur comme autant d'autorisations indispensables à la consultation des livres. Ces derniers ne se consultent que sur place et les gardiens postés en faction devant chaque allée veillent à ce qu'aucun ouvrage ne sorte des pièces dans lesquelles ils reposent. Celles-ci ne s'offrent à vous que si la jeune préposée a reçu de votre main le formulaire d'autorisation et du Directeur la confirmation par téléphone que vous pouvez avoir accès au livre qui vous intéresse. Ceux-ci sont classés et rangés par genre selon un ordre alphabétique. À chaque genre correspond une pièce dans laquelle ils sont entreposés. Alors seulement, il vous est permis de suivre notre jeune recrue et son trousseau de clés magnétiques. Elle vous ouvre le chemin et la salle du trésor que vous êtes venus admirer. Vous y entrez après qu'elle vous eut ouvert la porte et entre ces quatre murs, vous vous entretenez, dans la solitude et le recueillement, avec le livre de vos rêves.
Vous entendrez la porte se refermer derrière vous et là, dans la pénombre de vos fantasmes, vous pourrez vivre à loisir le plaisir indicible que procure le viol de l'interdit et lire les lignes qui s'offrent à vous. En dehors de la bibliothèque municipale, la détention de livres, qu'elle soit destinée à une consommation personnelle ou à la contrebande de sa revente, est prohibée. Si cette civilisation est celle de l'écrit, l'information y règne en maître. Moyennant dix piastres, vous pourrez vous en procurer à peu près n'importe où et remplir ainsi vos poches de petites mémoires plastiques que décrypteront vos appareils électromagnétiques. On lit d'ailleurs beaucoup. Sarah vous le dirait.
À vrai dire, on lit tout ce qu'il est permis de lire, depuis les quotidiens de la presse jusqu'aux conseils d'utilisation des bidons d'huile en passant par les écriteaux publicitaires qui surplombent les rues. La justice est sans appel pour les fraudeurs qui tenteraient de déchiffrer, à livre ouvert, autre chose que de l'information. On soigne ces malades et les traitements adaptés ont pour vocation d'éradiquer le

manque qui les dévore et le délire fébrile d'aller dans d'autres pages chercher l'évasion fantasque d'un ailleurs imaginaire. Mus par une quête dont on ne peut qu'ignorer l'objet, ces impotents sont, par nature, incapables d'expliquer les motifs de leur geste. Telles des bêtes devenues enragées, les pulsions les plus primaires traversent leur corps et le laissent se mouvoir en autant de mouvements absurdes comme la main qui se tend dans la mendicité. Détournant la voie légale qui dispose les conditions selon lesquelles on est en droit de formuler une demande de consultation auprès de la bibliothèque municipale, ils sont invariablement arrêtés, jugés et soignés. Il est d'autant plus facile de circonscrire cette frange marginale de la population, précisent les journaux, que les autorités ont les moyens de leur politique au travers d'un dispositif de surveillance omniprésent. Aussi, le climat social est-il agréable, tous les citoyens s'y sentant en sécurité. On devine également pourquoi les postes offerts par la bibliothèque municipale sont si convoités. Travailler dans ce bâtiment hautement sécurisé est un privilège. D'ailleurs, le recrutement y est particulièrement rigoureux et jalonné d'une batterie de tests visant à évaluer la conformité du candidat avec ce que la société produit de mieux en termes de citoyens.

Selon la théorie de l'évolution des espèces et la loi qu'elle suppose, par laquelle la nature ne cesse au fil du temps de se perfectionner, la vue est le dernier des cinq sens apparus chez l'homme. À ce titre, il est sans aucun doute le plus complexe et le plus proche de l'idéal de perfection. Il en va de même dans ce grand corps qu'est le monde, si bien que l'œil y est sacralisé. La civilisation a consacré la suprématie de l'œil sur tous les autres sens et au travers de sa technologie imite le pouvoir du créateur en fabriquant, sous différentes formes, quantité d'yeux virtuels. Voir! C'est se donner la faculté de comprendre, au sens étymologique du terme, c'est-à-dire de se mettre en capacités de saisir, de posséder ce qui lui est extérieur. Comme le flacon qui comprend l'ivresse, la société des hommes voit et lit tout. Dans les rues, les cafés, les halls de gare et même sur les toits des immeubles, des millions de caméras lisent chaque jour les nouvelles du monde et la course effrénée de la belle Sarah.

Toujours selon la théorie darwinienne et sa déclinaison sociologique, la société d'aujourd'hui n'a pas cessé de s'améliorer, de se fortifier, et se présente sous ce nouveau jour comme l'aboutissement le plus parfait de l'idéal de civilisation. Dans les traverses des allées conduisant le curieux au milieu des livres, on reconnaît très vite cette volonté d'ordre et de perfection. Sur chacune des portes qui s'alignent de part et d'autre aux murs des couloirs, comme autant de rives préfigurant la promesse d'un savoir, pointe la perfection géométrique des judas.

*

Il est maintenant huit heures dix quand la berline noire se gare devant un grand portail en fer forgé. L'endroit est austère et rappelle davantage, par son architecture, les maisons de maître du XIXe siècle qu'une clinique à proprement parler. Depuis les grilles de l'entrée, le jeune homme pouvait voir des silhouettes vêtues de blanc, aller et venir derrière les vitres blindées des portes-fenêtres. Cependant, pas un bruit n'était perceptible depuis le parc et il se sentit très vite mal à l'aise. L'index posé sur le bouton de l'interphone, il entendit une voix féminine lui demandant de décliner son identité. Approchant sa bouche du combiné, il lâcha : « Gerald BAVIC, journaliste au *New Tribunes*, j'ai rendez-vous avec le docteur ABENDORFF ».

Le vrombissement du taxi qui repartait se fit entendre quand l'impressionnant portail s'entrouvrit sur un profond jardin. BAVIC s'y engouffra sans demander son reste.
« Le professeur ABENDORFF vous attend, veuillez me suivre. » déclama une jeune hôtesse d'accueil. Notre reporter la suivait quand il remarqua que sa démarche loin d'être chaloupée tenait pour l'essentiel d'un robot dont on aurait remonté le ressort. Frappant une lourde porte en chêne devant laquelle la jeune femme marqua le pas, un mot réveilla le jeune intrus de ses méditations plus vastes que le Sahara:
« Entrez ! »

- Oui, monsieur BAVIC, c'est vous que j'ai eu hier au téléphone ?... Oui, j'ai peu de temps à vous accorder. Vous désirez faire un article sur le patient de la chambre vingt et un. Je ne vois pas à quoi cela vous servira mais enfin un établissement comme le mien ne peut s'offrir le luxe de se mettre à dos la presse, n'est-ce pas ? Je vous serai obligé de bien vouloir veiller aux propos que vous tiendrez dans votre papier et rédiger avec la même courtoisie que nous aurons eu à vous recevoir. On se comprend, n'est-ce pas ?
(BAVIC était, bien qu'il le cachât, impressionné par l'imposante stature du professeur et la solennité que lui conférait une longue barbe grise taillée au carré)

- Nous nous comprenons, professeur, encore que je compte me focaliser avant tout sur l'entretien que j'aurais avec le patient.
- À ce propos, ce patient souffre d'une paranoïa aiguë. Oui, il présente tous les symptômes du malade qui se croit persécuté avec toutefois l'originalité que le mode opératoire de sa logique est plus commun qu'à l'ordinaire.
- Que voulez-vous dire par là ?
- Voyez-vous, les paranoïaques de ce type se façonnent inconsciemment, on devrait dire presque malgré eux, une capacité de logique bien supérieure à la moyenne du fait même qu'il s'agit pour eux du seul moyen d'asseoir leur puissante imagination sans en éprouver une souffrance qui, sans cela, finirait par devenir insupportable. Or, dans le cas qui nous intéresse, tous les résultats des examens pratiqués depuis des années concordent, nulle trace de cette atrophie de la logique. Si les symptômes charmants de la paranoïa ne le possédaient avec tant d'évidence, on finirait par croire qu'il est réellement victime de ce qu'il nomme la bête !
(Un rire gras sortit de la barbe de l'homme de science et déchira le silence pesant qui remplissait la pièce)
« Une dernière chose... » lança ABENDORFF. BAVIC venait de tourner les talons. « Évitez de vous exposer à sa perception, cela pourrait altérer votre jugement. S'il essaie de gagner votre confiance, n'oubliez jamais que les liens qui maintiennent attachés ses poignets participent de votre sécurité. Au revoir, monsieur BAVIC. »

Sur le visage du journaliste s'esquissa un léger sourire de complaisance. Il referma la porte du bureau. Un long corridor flanqué de portes métalliques, comme autant de cellules qu'elles laissaient présager, jalonnait l'avance du journaliste. Après une cinquantaine de mètres, l'hôtesse qui le précédait s'exclama : « C'est ici ! ».
Elle sortit de sa blouse un trousseau de clefs et plongea le pêne de l'une d'elles dans la serrure. Deux coups sourds ponctuèrent le mouvement de sa main semblable aux bruits lourds qui signalent l'ouverture d'un coffre-fort.
BAVIC rentra dans une chambre pour le moins monacale aux murs immaculés de blanc. Mis à part une fenêtre et ses barreaux, on pouvait faire l'inventaire du lieu d'un seul regard. Un lit, une armoire scellée dans le bâti, une table en néoprite (plastique de nouvelle génération indéformable et quasi inaltérable) et deux chaises. Sur l'une d'entre elles, se tenait le corps fantomatique d'un vieil homme aussi noueux que l'étaient les chênes centenaires du parc. Une ombre comme une imposture faite à la nature tout entière tant les traits grossiers de cette silhouette

perçue dans la pénombre renvoyaient à ses congénères l'image d'une existence décharnée, peuplée d'affres de l'âme... Et de la mort qui rampe. Quand une voix grave et profonde inonda cet endroit de misère: « Je vous en prie, asseyez-vous, monsieur BAVIC. » L'image de crachats traversa ses pensées.
« Vous connaissez mon nom ? » demanda le visiteur.
« Le professeur m'a prévenu de votre visite » répondit le vieil homme.
Assis, le jeune éphèbe pouvait distinguer au milieu de ce visage lacéré par une vie de combat un regard toute à la fois mutin et dense. Deux points noirs se dressaient. Ces yeux semblaient percer le métal.
Sans rien laisser paraître de ses impressions, le journaliste introduisit sa venue : « Hé bien, ma rédaction est très intéressée par votre histoire. Je dois dire que les quelques éléments que j'ai obtenus sur votre vie ont fait forte impression et... »

Il s'arrêta de parler lorsqu'il se rendit compte que le vieil homme semblait davantage captivé par l'envol de corbeaux qui se détachait sur le fond vert de la campagne anglaise. La tête tournée vers la fenêtre, il semblait ne faire aucun cas des propos qui lui étaient tenus. Après un moment qui parut assez long, le vieux singe se ravisa et regarda BAVIC avec toute la profondeur du marin qui scrute le lointain. Sans se laisser distraire, le pigiste enchaîna :
- J'aimerais en savoir un peu plus.
- Aimez-vous Mozart, monsieur BAVIC ?
- Oui, en effet. Pour en revenir à ma venue ? Je...
- Ne serait-ce pas, plutôt, certains passages de sa musique que vous adorez quand d'autres vous ennuient magistralement ?
Le jeune reporter s'apprêtait à délivrer une molle affirmation d'évidence quand l'interné conclut :
- Ainsi, quand vous pensez à Mozart, vous pensez au Confutatis ou au Lacrimosa de son Requiem.
- Le Requiem est ce que je préfère.
- Alors, pourquoi à la question: aimez-vous Mozart ? me répondez-vous que vous l'aimez comme si vous l'embrassiez tout entier ? *(Les yeux perçants du vieil homme dominaient son invité)*
- Ah, R.A.S, monsieur BAVIC ?... Apprendre à singulariser, monsieur BAVIC, pour un journaliste, cela peut s'avérer utile. Je suis sûr que si je vous demande votre définition de la vérité, vous me donnerez celle communément admise qui veut que

ce soit le caractère de ce qui est vrai. La seule adéquation entre la réalité et l'homme qui la pense qui soit vérifiable par l'expérience de la logique du raisonnement et qui demeure. Une proposition qui emporte l'assentiment général ou s'accorde avec le sentiment que quelqu'un a de la réalité. Ou encore une connaissance ou l'expression d'une connaissance conforme à la réalité, c'est-à-dire aux faits tels qu'ils se sont déroulés. C'est ce que je nommerai vérité de type I à laquelle j'oppose ma définition de la vérité, vérité de type II. Si je vous demande combien font deux et deux, vous me répondrez ?

- Quatre ! *s'exclama BAVIC toute à la fois irrité par cette mièvre pédagogie et captivé par la cohérence incongrue de cet esprit dérangé qui continuait à dérouler le fil de ses propos* : - Et vous me direz que c'est là une vérité car dans tous les cas deux plus deux feront toujours quatre! Seulement, vous ne pouvez concevoir quatre qu'en possédant la valeur de quatre. Si je supprimais d'un coup vos capacités intellectuelles, deux plus deux feraient deux plus deux, le bruit d'une phrase prononcée, des bings et des bangs, des points et des crêtes, autant de formes disparates dans votre esprit mais certainement pas quatre. Cependant, ces bings et ces bangs seraient votre nouvelle réalité, votre nouvelle vérité à cette énigme. Si maintenant je posais quatre billes de verre sur la table, que verriez-vous? Quatre billes? Non, vous verriez des sphères dans toute leur complexité à se révéler sphères. Avant une quelconque vérité de type I, vous percevriez une vérité de type II autrement l'essence conjuguée de la pluralité, de la sphère et de la platitude de la table. La Beauté, en somme, de la scène telle que la Beauté est alors l'anima présent dans ces choses qui font qu'elles vous sont singulières et bien vivantes. L'anima, monsieur BAVIC, l'âme! L'âme est un chant. Ne l'oubliez pas quand vous écouterez Mozart. La frontière est étroite entre ce qui est vrai et ce qui est réel. La vérité n'est jamais que l'émanation d'une volonté et d'une capacité quand la Beauté, à l'image de Sarah, nous possède. Une vérité de type I témoigne d'une volonté à agir sur le monde, une vérité de type II à ce que le monde puisse agir sur nous. À la première préside le principe de l'intérêt, à la seconde celui de la foi.

« Vous oubliez que tout n'est pas blanc ou noir, et le phénomène de l'interaction s'observe en tout! Si nous agissons sur le monde, le monde agit sur nous et si le monde agit sur nous, nous agissons sur le monde ! » rétorqua le journaliste en même temps qu'il remontait ses lunettes à hauteur de vue comme les pharmaciens.

« Mais je ne l'oublie pas, *renchérit le vieillard*. Mais n'oubliez pas non plus que ce même principe ne s'observe que par l'enchevêtrement des causes et des conséquences auxquelles s'ajoute ce que vous appelez le hasard et que je nomme destin. La valeur d'un tel vote ne réside pas dans sa destination à être chose élue, car comme vous l'avez dit l'interaction nous empêche de séparer ces deux types de vérités comme si elles étaient parfaitement étrangères l'une de l'autre. Et pourtant, en votant pour une vérité de type II, je ne me prive pas de ma capacité à agir sur le monde et il me sera toujours possible d'apprendre des propriétés des billes de verre. Je pourrai les broyer ou les lancer dans le ciel. Certes, je n'envisagerai sans doute pas leurs propriétés physiques et mécaniques de la même façon, mais je saurai la froideur et la dureté du verre tout comme vous et ce que je perdrai en connaissance, je le gagnerai en savoir. Vous vous ferez homme de science quand je me ferai poète. Quant à ma volonté d'action sur le monde elle n'en sera que renforcée à mesure que je me laisserai envahir par sa Beauté inhérente. Ma capacité d'action en sera que plus réelle dans la mesure où le principe d'interaction n'est jamais aussi puissant qu'entre un sujet et un objet de même nature métaphysique. Comme l'homme et la femme qui donne le miracle de la vie faite chair, l'âme qui m'anime et l'anima que je perçois dans l'objet, sont le plus sûr chemin vers le savoir. Je tendrai à être en communion avec l'univers, c'est-à-dire en communication avec lui comme si ma capacité à agir sur lui allait jusqu'au paroxysme de l'affubler d'une volonté propre qu'il ne semblait pas posséder au départ. Imaginerait-on un discours qui ne recèle aucun message ? En votant pour une vérité de type I, ma capacité à agir sur le monde sera effective, mais alors limitée au seul champ de la connaissance et ma volonté d'action sera davantage animée par un sentiment de défiance que par un sentiment d'amour. Sous la présidence de l'interaction, je limiterai sa capacité d'action sur moi en fonction de ce que la connaissance me permet de la percevoir, car sans avoir foi en elle, j'aurai peur de ses effets et par ailleurs je libérerai ses forces destructrices telles qu'elles se définissent alors comme une conséquence de ma méconnaissance de ce qu'il est, de son anima. Enfin, je ne lui prêterai aucune volonté propre dans la mesure où ma perception de la vérité s'appuiera sur ma seule connaissance de ses principes tangibles et vérifiables. Pourquoi prêter une âme à tel objet quand la démonstration, que je pense rigoureuse, tend à me prouver le contraire ?
Ainsi, le principe d'interaction, s'il consacre une même destination pour tout type de vérités, en souligne également avec force la singularité des destins qu'elles nous

proposent. La valeur d'un tel vote, monsieur BAVIC, ne réside pas dans sa destination à être chose élue, mais dans son destin à l'être! Il n'y a pas de destination, il n'y a qu'une communauté de destins qui convergent dans un même sens et dont on ignore la direction. Une espèce de communauté que le monde a donnée en pâture à la société que vous servez tout comme le SHAH d'Iran le fit en son temps ou le pharaon, durant le culte de RA envers leurs peuples respectifs. »

À ces propos, le jeune journaliste ne s'était même pas aperçu qu'il s'était allumé une cigarette et le mégot qui traînait sur ses lèvres semblait loin de ses pensées. Son visage paraissait immobile, comme figé dans le vide. Son corps donnait l'impression d'un moule compact tendu vers son sculpteur. Rien n'exista plus dans la pièce l'espace d'une bonne minute. C'est le clic du dictaphone qui vint interrompre cette solennité et prévenir du même coup notre journaliste qu'il fallait retourner la cassette.

« On utilise plus ce genre d'appareil depuis bien longtemps, mais je suis un nostalgique de cette époque et la capture magnétique du son permet un rendement meilleur à la réécoute... » Tandis qu'il disait ces mots comme pour faire diversion, notre jeune étonné tourna avec dextérité la bobine audio et referma le boîtier de l'appareil.

Le vieil homme avança ses poignets attachés jusqu'au paquet de tabac qui se trouvait sur la table et sans attendre l'approbation du reporter en tira une cigarette.

- Puis-je ? demanda ce personnage et aussitôt on lui tendit du feu. D'une bouffée, l'homme alluma la clope.
- Reprenons, dit BAVIC, vous ne semblez pas porter dans votre cœur la société! Pourtant, vous en bénéficiez et c'est elle qui vous loge et vous nourrit !
- On ne m'a pas laissé le choix, monsieur BAVIC. Mais croyez bien que si l'on m'avait laissé ma liberté d'action, j'aurais encore préféré me tuer plutôt que de vivre à l'ombre de ces quatre murs! Ne comprenez-vous pas, poursuivit-il, que la société dont vous êtes n'est qu'un miroir et c'est votre propre amour qu'elle vous renvoie à la face. Ce que vous prenez pour son amour n'est que le vôtre. La société pour laquelle vous travaillez est dénuée d'amour et comment pourrait-il en être autrement, elle n'a pas été conçue pour cela. Dites-moi, monsieur BAVIC, quel type d'idéal vous propose la société ?

À cette question, le reporter reprit espoir dans l'importance qu'il prêtait à ses connaissances, car un journaliste de son envergure jouait de ses sujets avec facilité comme si on avait demandé à un musicien professionnel s'il pouvait répéter ses gammes.
- L'idéal qui nous est offert, *affirma-t-il*, tourne autour de l'Homme et de son individualité. Cela pourrait se résumer à une image: un homme épanoui, dans le bien-être d'une vie heureuse et pleine d'avoirs comme une belle maison, une belle femme, une belle voiture et de beaux enfants. Un homme droit, courageux, ambitieux et cependant simple... Un homme possédant de l'humour, un homme rendu beau par un charme naturel, un homme capable de pardon et qui reste à l'écoute des autres... Un homme soucieux de garder son environnement propre... Un homme soucieux de ses contemporains et sensible au mérite... Un homme qui entreprend avec succès... Un homme sûr de lui et qui réussit socialement qu'il soit berger ou président de société. Un homme indépendant et qui sait faire la part des choses. Un homme bon et humble... Un homme qui s'aime et qui aime ses contemporains... Un homme attaché à la notion de paix, mais qui saura se défendre... Un homme libre de ses choix... Un démocrate responsable de ses actes... Un homme aux dents blanches et au corps entretenu... Un homme qui vit dans l'aisance, je veux dire sans connaître de difficultés matérielles particulières et se tenant, cependant, en dehors des travers de la luxure... Un homme épris de justice. Un homme que l'on a envie d'avoir pour ami et qui plaît aux femmes... Un homme aux grandes qualités morales, enfant du mondialisme et de sa culture humaniste.

Le vieux écouta avec attention la litanie du jeune homme. Il jeta soudainement quelque huile sur cet esprit brûlant comme chakras :
- L'idéal qui nous est offert ? Cette image que l'on présente sous les traits de publicités télévisuelles ne nous est pas offerte, mais vendue. Mais je dois dire que la description est assez réussie. Un homme qui a tout du héros, monsieur BAVIC. Et puis un idéal ne propose pas de destination, car il n'est pas fait pour pouvoir s'accomplir. Il invite au destin comme un chemin sans fin. Si l'on suit cette logique, les hommes qui le suivent devraient se retrouver au premier plan de la société des hommes. Tel chirurgien, tel juge, tel prêtre, devrait briller par leurs éclats d'humanité. Courage, intelligence, droiture et humanisme devraient présider à l'ascension sociale de chacun. Cette société ne récompense-t-elle pas au mérite ?

Or, pouvez-vous m'affirmer que le président de votre groupe de presse est cet homme? À moindre niveau, le chef de votre rédaction incarne-t-il cette image ?
- Ma foi, *répondit BAVIC*, non. MORLET, mon responsable est... Disons qu'il est prêt à tout pour réussir... Il vendrait sa mère si cela pouvait servir ses intérêts...

Le vieil homme esquissa un sourire avant de rajouter:
- Vous passez, au sein de votre rédaction, pour le vilain petit canard, n'est-ce pas ? Bien sûr, on ne peut vous reprocher votre curiosité naturelle, gage d'une prédisposition réelle pour le journalisme, mais on vous reproche votre manie de couper les cheveux en quatre et de ne pouvoir vous empêcher d'ouvrir les tiroirs fussent-ils ceux de leur esprit... On vous veut exécutant et voilà que vous jugez. Ce n'est pas le fait que vous usiez de votre jugement qui est si dérangeant, mais plutôt la qualité de ce jugement. Celui-ci est si singulier qu'il paraît suspect, n'est-ce pas ?... MORLET n'est pas très beau ?
- Ah ça, ce n'est pas ce qui le définit le mieux ! Il doit passer des heures à choisir ses costumes et ses montres. Combien de fraîches stagiaires il a pu inviter à dîner !

- En règle générale, vous plaisez aux femmes, monsieur BAVIC. Je me trompe ?
- Je n'ai pas à me plaindre de ce côté-là. *(avoua quelque peu gêné et le regard fuyant BAVIC)*
- Monsieur BAVIC, les hommes brillants, je veux dire les véritables pur-sang des prestigieux haras, sont automatiquement tués, assassinés ou lynchés par cette société qui le fait de façon consciente ou inconsciente. Ils finissent estropiés, affreusement blessés et surtout loin des lambris de la réussite. Ils finissent seuls, clochards ou au mieux à des postes subalternes. Certains sont même hospitalisés comme fous! Ils sont les nouveaux esclaves de ce monde et sont mis à la disposition de la grande médiocrité. Si vous voulez réussir socialement, soyez prêt à renier votre être et à cultiver ce qu'il y a de plus médiocre en vous. Vous pouvez étaler votre instruction au grand jour si elle renvoie à la connaissance mais surtout pas l'intelligence qui permet le savoir. Ces grands blessés sont les combattants d'une guerre qui ne dit pas son nom: celle du Bien contre le Mal ! Une lutte sans merci est engagée entre Vérité de type I et vérité de type II et nous ne sommes que les pantins arrachés de ces forces qui nous dépassent !
Voyez-vous, monsieur BAVIC, ces hommes brillants sont les enfants abandonnés de cette mère nourricière, car ils incarnent ce qui est interdit d'incarner: l'idéal ! La

société peut être envisagée comme un corps dont ces êtres d'exception sont, par leur clairvoyance, la matérialisation des sens. Il existe deux niveaux de perception: le résultat de nos sens éprouvés et la volonté suprême du même nom, produit de cette expérience. Au travers du discours qu'elle tient aux hommes, la société tente, par cet exutoire, d'expulser de son corps la primauté de l'esprit comme on le ferait d'un chancre ou d'un furoncle pointant sur un visage. Sa capacité d'expression est synonyme d'excommunication et d'extermination. La perception se nourrit de l'Éros qui sous-tend la reconnaissance d'une certaine soumission pour aboutir au plaisir ou si vous préférez, la domination du féminin sacré qui exige le don de soi, car c'est dans l'abandon que nous nous révélons à nous-mêmes. L'abandon n'est possible qu'au travers de l'exercice de la foi en ce qui vous dépasse et donc vous est supérieur. La société a trouvé, et c'est là l'ironie de l'histoire, par l'intermédiaire de ce qu'elle rejette, à savoir sa perception, la seule arme capable, selon elle, de venir à bout de la vérité de type II_: c'est-à-dire la vérité de type I. La quadrature du cercle, cher ami !

La société, toute comme Sisyphe condamnée à pousser son rocher pour l'éternité, s'est enchaînée dans ce dilemme: Pour tuer le caractère divin de l'esprit, il faut pouvoir l'extérioriser de soi et l'avoir au bout de l'épée comme du discours. La vérité de type I suppose la démonstration que ce caractère divin n'existe pas or en plongeant dans ce combat, je l'admets implicitement, je reconnais sa prescience d'autant plus qu'il me faut être en capacité à percevoir pour lui faire front, c'est-à-dire être habité par lui ! Ainsi, à l'image de ce que nous apprend l'expérience perceptive vécue, à savoir que je ne peux être dans le même temps objet et sujet de moi-même, préalable nécessaire à l'étude de nos sens, je ne peux espérer vaincre le fondement divin de l'esprit, car j'en fais partie !

Et acceptant de le combattre, j'initie un acte d'amour, c'est-à-dire un acte de foi et au lieu de le tuer, je consacre sa qualité à être éternel ! Au fondement de la civilisation sommeillent la jalousie primaire et la convoitise à l'égard de caractère divin de l'esprit. Comme la catin si belle qui dit non à tous ses prétendants, mais se laisse posséder par eux dans un plaisir rendu d'autant puissant qu'il se nourrit de son refus, lit nécessaire à l'exercice du viol, la société veut pouvoir incarner, après l'avoir détrôné, ce qui n'appartient qu'au divin: la Beauté, l'anima !

Mais elle perçoit la propre beauté de son action, enchaînée qu'elle est à ses sens, tout comme Sarah, et pressent son inévitable perte. Ainsi intervient l'ombre du thanatos, cette pulsion de mort. Pour pouvoir survivre, le monde n'a plus d'autres choix que de se mentir pour garder un équilibre précaire: nier qu'il puisse agir sous les pulsions, nier qu'il puisse en secret vouloir incarner ce qu'il a nommé Dieu et l'incarner dans ce qu'il est, dans son essence. Gardant farouchement sa vérité de type I comme la seule arme qui soit sa création propre, il faut suivre la voie qu'elle propose et démontrer le caractère logique de son action. Tout maîtriser, dominer et se faire éternel. Lorsqu'en classe de philosophie, on vous apprend qu'elle est la quête de la vérité, on dit même la quête de la sagesse, croyez-vous que ce soit un hasard si l'on oublie de s'interroger sur ce qu'elles sont ? Des présocratiques à Aristote en passant par Platon, la vérité dont ils parlent est-elle de type I ou II ? Et le connais-toi toi-même de Socrate devrait se traduire par: Sais-toi toi-même !

Ainsi, la connaissance est une arme qu'a façonnée la société pour tuer le savoir, émanation divine de l'esprit. Pour en revenir à nos hommes brillants, ceux-là sont en définitive une incarnation, envoyée par le hasard ou le destin comme il vous plaira, des sens dans ce corps qu'est la société. Et, de fait, pour les raisons évoquées, elle ne peut s'empêcher de succomber à la pulsion de les tuer tant, ils révèlent, par leur seule existence, son mensonge! Si d'aventure, l'idéal qu'elle propose aux hommes prend corps et chair, elle tue le malheureux et tue par là même son propre idéal ! Elle se prive de ses sens pour consacrer la suprématie de la raison qu'elle a choisie sur la pauvre perception! Sa défiance envers l'essence divine de l'esprit passe par son auto-mutilation ! Le mensonge est un miroir, monsieur BAVIC, dans lequel vous vous trouverez d'autant plus beau que ce verre sera menteur. Reconnaître la suprématie du divin aurait pour conséquence de voir enfin en lui le vrai visage de la société: Une monstruosité qui dépasse l'entendement ! Ironiquement, son mensonge se nourrit de la foi que vous lui accordez, car elle veut pouvoir se voir belle en vous... Plus vous épousez son image, plus vous vous donnez à elle et plus vous vous perdez en elle. La société vous offre tout pour vous prendre l'essentiel, la seule chose qui l'intéresse vraiment...

BAVIC n'avait pu s'empêcher, malgré la puissance de son discernement, de plonger dans ces propos comme dans un liquide primordial. Le teint blême, son esprit buvait ces paroles en même temps que ses yeux semblaient suivre le moindre geste du vieux fou. À ces mots, il ne put se taire et lâcha : « Et que me vole-t-elle ? »
Tandis que la tête du vieillard se détournait vers la fenêtre, deux mots tombèrent dans ce silence: « Votre âme... Votre âme, monsieur BAVIC... »

Le reporter se sentit envahi d'un trouble qu'il ne pouvait expliquer. Ce dernier lui était, il en avait l'intime conviction, parfaitement étranger. Après tout, ce n'était pas la première fois qu'il entendait ce genre de discours, la foi, le divin, Sodome et Gomorrhe, et, pourtant, il y avait dans cette déclamation une consistance et une gravité qui l'habillaient d'une singularité nouvelle. L'originalité de la pensée était manifeste même si elle se cachait derrière ce qui aurait pu passer, pour un esprit médiocre, pour les clichés d'une pensée réactionnaire. BAVIC, qui était tout sauf bête, le perçu avec tant d'évidence, qu'à son grand étonnement, ces mots continuaient à résonner en lui comme le faisait la musique de Mozart.

- Mais alors, *interrogea-t-il*, cette lutte entre le Bien et le Mal, entre le Mensonge et la Vérité, est sans fin. Selon la vérité de type II, et si je vous suis bien, la valeur du Bien ne réside pas dans sa vérité, mais dans sa beauté à "être", ce qui suppose qu'il est besoin pour se révéler pleinement aux hommes de se présenter sous un aspect décharné et meurtri, ce que seule sa lutte avec le Mal permet. S'il lui est interdit de gagner définitivement sur le mal de crainte qu'il ne disparaisse à son tour, il ne peut pas perdre, car derrière l'abomination de sa volonté à détruire, la Beauté sommeille également dans le Mal et celui-ci veut, en vérité, épouser le Bien et convoite le caractère divin de l'esprit pour mieux lui ressembler.
Mais si je vous suis, il s'interdit dans le même temps de se le révéler à lui-même car aussitôt il serait vaincu. Cette lutte est sans fin !
- Sans fin, encore qu'il existe quelque part une troisième voie qui permet de s'extraire de cette fatalité.
- Quelle est-elle ?
- Un enchantement, monsieur BAVIC, Un enchantement !

On toqua à la porte de la chambre. Celle-ci s'ouvrit d'un coup sec. Au bout de la poignée, se tenait la main de l'hôtesse d'accueil que BAVIC avait suivi dans le couloir. Un sourire poli accompagna son regard en direction du vieillard avant de le prévenir à voix basse que Sarah était arrivée. La porte se referma alors aussi subrepticement qu'elle avait été ouverte.
Le vieil homme lu sur le visage du journaliste l'interrogation intriguée et lui parla alors en ces termes: « Sarah est une jeune fille qui m'est particulièrement chère. On lui permet de me rendre visite quelques fois sous réserve de certaines précautions comme ces liens qui m'attachent les poignets ou la caméra perchée là-haut dans le

coin de la pièce. Le professeur ABENDORFF lui autorise la visite. Preuve que même chez lui; il y a une part d'humanité... »
BAVIC s'interrogea aussitôt pour tenter de deviner qui pouvait être Sarah. Quelle jeune fille pourrait être assez extravagante pour rechercher la compagnie de ce vieux fou ? Il avait beau chercher dans son esprit, il ne trouvait aucune explication susceptible de légitimer une rencontre si fantasque. Le jeune journaliste pouvait maintenant entendre résonner des bruits de pas qui s'approchaient doucement comme un écho dans le corridor. C'étaient ceux de talons aiguilles et il imagina alors une jeune femme apprêtée, plutôt distinguée sans être snob. sans doute, portait-elle les cheveux longs, il n'aurait pu dire pourquoi il les envisageait ainsi, tenus, pourquoi pas, par un chignon. Il la voyait encore élancée et belle comme on se plaît à rêver les jeunes femmes posant dans les magazines de mode. Dehors, il pouvait contempler le spectacle d'oiseaux noirs qui dansaient au loin. Le jour semblait fuir pour laisser place à la nuit à mesure que le bruit des pas se faisait présent et la danse des volatiles chantait en lui bien qu'il fût incapable d'entendre le croassement des corbeaux perdus dans la plaine.

*

On ne sut jamais ce qu'il se dit dès lors. BAVIC ne termina jamais son article. Cependant, il resta auprès du vieil homme même après l'entrée de Sarah. Et tous les trois communièrent dans l'obscurité de cette nuit. Mais la rencontre dut durer car ils étaient encore ensemble le lendemain alors que le jour se levait sur la plaine. Tout ce que put en dire BAVIC, c'est que, malgré le fait qu'aucun hôpital psychiatrique n'accepterait jamais que des visiteurs restent auprès d'un patient la nuit venue, il avait bien vécu ce moment. Il en était sûr même s'il ne put en apporter la preuve.
Il reconnut alors, derrière la porte blindée de la chambre, la voix du professeur ABENDORFF prononcer ces quelques mots : « Le vieux a-t-il pris son traitement ce matin ? »
L'infirmière s'apprêtait à répondre quand on entendit soudain un cri de douleur s'échapper de la chambre aussi déchirant que celui de l'enfant mis au monde.

*

Nino avait les yeux ronds. L'ovale de leur contour en était la manifestation la plus aboutie.

Ce regard cher à Sarah portait vers l'absolu plus qu'aucun autre tant l'insondable semblait être entré tout entier en lui pour l'illuminer d'une noirceur sans bornes, sans limites, sans rien que le vide las et infini. La jeune femme envisageait leur forme au hasard des inclinaisons de ce visage posé dans la lueur du réverbère et, par moments, elle en devinait les couvre-chefs de deux points d'interrogation inachevés comme il arrive parfois qu'ils nous surprennent au gré d'une lecture.

Sarah avait un instinct sûr de la Beauté. Cependant, à l'image de Nino, elle n'en était pas responsable. Pendant très longtemps la pauvre enfant n'en eut jamais conscience. C'est ainsi que grandit à son insu comme au tréfonds de son âme cette fleur écarlate toujours plus avide d'espace vierge à remplir. Ce mal funeste ne tarda pas à devenir, à l'aube de sa douzième année, un handicap effroyable et inique. On aurait pu chercher longtemps, on n'y aurait trouvé nulle noblesse. Elle portait sous elle son drame comme le marcheur son pied-bot. Car, c'est une chose bien connue du vagabond, la Beauté exige de celui qui la reçoit la pureté comme un dénuement, une condamnation, une innocence coupable d'humilité. Elle fait de sa victime un être atrophié à la démarche mal assurée, laquelle l'amène à piétiner inévitablement les parterres de vérités. Ce qui, soit dit en passant, ravive à chacun de ses pas la haine des gardiens du temple qui courent alors en tous sens, allant de l'un à l'autre épouiller leurs chasubles de ces éclaboussures parasitaires comme les singes, les guenons. Mais mis à part le russe errant, qui sait ce qu'est la Beauté?

Elle ne se dit pas comme se prononce la vérité, elle ne se découvre pas non plus comme le ferait l'odalisque, elle est plus proche d'un Christ en croix peint par MANTEGNA et se donne spontanément comme une catin ou se dérobe à jamais. Elle s'insinue dans les draps du mourant comme une femme à féconder et ne quitte la couche qu'au matin lorsque tout est dépeuplé.

À l'instar de la vérité, la Beauté révèle tout parce qu'elle n'exprime rien. C'est ainsi que les aveugles entendent par "Beau", l'incarnation de la racine ou dénominateur fondamental à toutes formes de vie qui alors se manifeste à nos sens. Les sourds ajoutent que la laideur fait également partie de la Beauté. Les muets, quant à eux, affirment qu'en soustrayant le réalisme au réel, nous pouvons saisir, "percevoir" ce dénominateur fondamental. Les miséreux clament, à qui veut l'entendre, qu'au travers de l'expérience perceptive vécue de la Beauté, nous aboutissons à la vérité plus ou moins révélée que nous vivons plus souvent dans le réalisme du monde que dans sa réalité propre. Enfin, les enfants, unis dans une même ronde, chantent en chœur que seule la Perception vise à la saisie immédiate du Beau par les sens, sans l'aide du raisonnement et ce, au contraire de l'Intuition qui est la saisie immédiate d'une vérité possible sans l'aide ni des sens, ni de la réflexion.

Au crépuscule, le chien bâtard et délaissé aboie comme pour crier sa rage d'avoir compris (tel le flacon qui comprend son poison) que la Beauté est en ce sens le seul véritable destin de la Perception. Les vérités sont illusoires dès que nous les invoquons pour ce que nous voudrions qu'elles soient : des destinations. Là où il y a destin, il n'y a pas de destination en dehors du parcours se faisant, du grain de sable, de la poussière faite pour être battue et du brin d'herbe fait pour être foulé. Là où il y a destin, il n'y a pas de destination et les heures toujours recommencées succèdent aux heures. Les vérités sont des lignes zénithales qui s'éloignent sur notre parcours à mesure que nous avançons vers elles. Les vérités sont les horizons de nos douleurs et nous pouvons tendre nos bras en croix pour les épouser, nous ne sommes pas plus que cet oiseau qui se voulait voleur de lunes.
On comprend mieux pourquoi les gens, dans leur immense majorité, affirmaient que Sarah donnait toujours l'impression d'être en balade dans sa propre existence, de flâner au gré des chemins au lieu de gagner la route de ses contemporains en prenant grand soin de se garder sur la voie de droite. Sarah pensait que les avancées métalliques présentes sur les autoroutes que l'on appelle garde-fous étaient judicieusement placées pour séparer ceux qui viennent à vous de ce qui vous dépasse.

Voilà une déformation flagrante de la perception de Sarah à l'égard de la réalité.
La jeune femme avait en effet de drôles d'idées ou plutôt une vision tellement originale de l'existence que ces semblables préféraient qualifier ses révélations du vocable d'idée comme pour conjurer la contamination d'une foi qui ne demandait qu'à se propager.
Que serait-il advenu d'eux-mêmes s'ils avaient laissé la porte ouverte à tant de Beauté ? Sans doute celle-ci aurait fait tellement de ravages en leur for intérieur que les certitudes et autres vérités qu'ils avaient mis des années à ériger entre les autres et eux-mêmes, à se construire entre eux et eux comme autant de murs qui délimitent et qui rassurent, auraient volé en éclats pour laisser place au vide sidéral. L'anéantissement sommeille déjà dans l'incubation est la meilleure façon de s'en

prévenir est de le cloisonner dans le mot, de l'enfermer dans le verbe.
Sarah faisait office, sans qu'elle le sût, d'hôte porteur diraient les spécialistes en virologie. Le mal qui l'affublait, loin de la terrasser, présidait à son destin. La puissance de contamination était rendue d'autant plus grande que la belle ignorait tout de son affection. Celle-ci était libre de se mouvoir à souhait au milieu de son âme sans craindre de sa raison, voire d'une conscience soudaine, qu'elle ne l'emprisonna au fond d'une pensée ou d'un mot.

Á cet instant Nino s'étonna de voir, sans que rien ne le justifiât, le visage de notre malheureuse flanqué d'une solennité soudaine. Sa manifestation physique lui parut d'autant plus terrifiante qu'il eût aussitôt l'intuition d'une posture gratuite et clandestine, d'une vérité si sourde et si profonde logée au milieu de sa figure, qu'il pensa un moment que si le silence et l'absurdité devaient prendre corps, ils auraient manifestement des traits comparables.
Quelques minutes passèrent ainsi avant qu'elle ne revienne à la vie aussi furtivement qu'elle semblait en être sortie. Désormais, trônait au milieu de ce paysage mystérieux un sourire dont l'immensité semblait n'avoir d'égale que l'hébétude sidérante du fou sortant d'une crise de démence.
Enfant, Sarah, avait été une petite fille aux boucles brunes dotée d'une grâce majestueuse et naturelle. Un jour que sa mère la pressentait malade et qu'elle appela un médecin à son chevet, ce dernier diagnostiqua les oreillons. Alors qu'il était sur le point d'administrer au petit être un premier traitement visant à le soulager, la jeune vie lui lança un regard frondeur si violent que le docteur ne put cacher la gêne au miroir qui se tenait derrière le lit. Il le ressentit un peu à la manière du coupable qui comparaît devant ses juges. Par la suite, l'homme de science repensera souvent à la scène non sans en éprouver, malgré la gravité de son discernement, une forme avancée de la honte comparable à celle du voleur pris en flagrant délit. L'enfant semblait lui dire en cet instant, alors même que ce petit ange fiévreux montrait des signes évidents de dévouement et de concentration: Quel cœur porte ton geste ? Le geste n'est-il pas plus important que ce que la main contient ?
Et en effet, si l'homme était rempli de vérités plurielles, il semblait vide de sa propre vérité et quasiment nulle beauté n'émanait de lui.
De là apparaissait l'idée que si Sarah était, dès son plus jeune âge, restée vierge de toute éducation, de toute morale civique ou encore de toute civilité, elle se serait

laissée vivre sans jamais se guérir tant tout ce qui chez elle échappait à sa raison ne voulait pas que les gestes des Hommes bafouent la pureté de son âme et que la beauté qu'elle renferma ne se trouva viciée par la contamination des intentions. Ce qui, à l'évidence, eut été inacceptable pour la société des hommes et des femmes. De fait, Sarah grandit au milieu de la société comme un appendice repoussant et ce à l'image de l'agassin sur le cep de la vigne.

Nino ne tarda pas à comprendre que ce qu'il pouvait attendre de cette charmante fée, il ne l'aurait pas de la façon souhaitée.
Jamais cette femme, que la beauté façonnait comme on travaille le bronze, ne serait en dette de le vouloir, pire, il se pourrait qu'elle le veuille sans faire l'aumône d'aucun exercice de pouvoir. Cette idée qu'il puisse rester désemparé sans pouvoir agir sur la volonté de cet être, il y a peu encore inconnu, lui fit décider, non sans effort, de le quitter sur-le-champ.
Cela se passa en deux temps. Tout d'abord, un basculement de la tête vers l'extérieur avec à sa traîne une chevelure pleine de fragrance puis un retournement de talon qui marqua le rythme d'une démarche chaloupée et indolente.
Sarah donnait à respirer aux femmes une liberté si sauvage qu'à ce niveau, elle leur faisait l'effet d'une injure. Comme l'araignée qui s'ignore prédatrice, Sarah gaspillait son amour pour les Hommes sans compter. Elle prenait, donnait et entrait toujours dans les gens sans frapper. Pour la plupart des jeunes hommes, cela se comparait à un viol et si beaucoup finissaient par succomber, ils gardaient tous à l'esprit non pas l'idée d'une jeune femme en mesure de les posséder, mais d'un monstre capable de leur faire l'amour.
Sarah contempla Nino s'éloigner dans le soir. Elle était entrée en lui par effraction en se faisant miroir et, sans qu'elle ne le devinât jamais, elle dormait depuis dans son regard. Telle un corbeau perché sur un piquet, notre bête de foire ne tarda pas à reprendre son envol dans la nuit. Son manteau trop grand et battu par le vent faisait office d'ailes que l'on déploie.
L'oiseau-lyre semblait rouler des yeux à mesure que se succédaient les rues et les avenues.
Lui vint alors le songe de Nino courant au milieu des boulevards de la capitale, passant sur les bouches d'égout d'où résonnent les pas tandis que sur la sienne le goût et le dégoût devaient tout entier s'entremêler. Elle l'imaginait enfin embrasser une bouche de métro pour disparaître miraculeusement dans cette ultime étreinte.

Sarah ignorait si le bel éphèbe garderait souvenir de leur rencontre, mais elle avait le goût de lui et savait son être comme on sait le goût du vin et du pain. Elle savait de manière intuitive qu'il lui avait laissé cette part de lui-même sans l'avoir voulu. Elle voyait maintenant dans le silence de la ville endormie comme un prélude à cet aveu.
Sarah était-elle un être responsable ? À sa façon, elle l'était certainement. Si elle ne discernait les choses, les situations et toutes les créatures de l'univers que par le prisme de sa seule perception, elle distinguait dans la vie, ce qui a besoin d'être vrai de ce qui a besoin d'être beau. Le rêve façonné doit se passer de vérité non seulement pour être beau mais également pour rendre hommage à l'existence de cette responsabilité sacrée. On construit un avion avec des nombres et il devient réel. Il devient vrai. On construit le même avion avec des mots et il devient beau. Cependant, cette forme de responsabilité n'était pas chez elle assumée mais consommée comme le lui dictait sa liberté.
Il suffit qu'elle fît commerce de son talent pour que la société l'applaudisse et la reconnaisse comme une des siens. Sans doute, aurait-elle rapidement condamné le sens de son discours, mais au moins eut-elle pu se consoler en riant de son discours du sens. Le principe de l'intérêt aurait en quelque sorte adoubé voire légitimé sa présence dans le monde. Malheureusement, le gourmet qui a le talent de se délecter des meilleures tables ne pensera pas à se mettre en scène. L'artiste tant attendu dont on eut dit qu'il ne rechercha pas la beauté au travers de la vérité, mais resta en quête de vérité au travers de la beauté, cet artiste-là ne pourrait se révéler aux hommes par le jeu d'une campagne promotionnelle et d'une publicité tapageuse. Il est vrai que l'artiste vrai vit son art malgré lui et qu'il suffit qu'il prenne conscience de son talent pour ne plus être vraisemblable. Ainsi en allait-il de la vie de Sarah.

De même la bonté chez Sarah n'était pas une vertu mais un vice, pas une force mais une faiblesse. Cela était si évident pour qui admirait sa face que le spectateur se serait surpris à penser un instant qu'il s'était trompé toute sa vie et qu'il faut chérir ses faiblesses *(quoique s'il avait poussé plus avant sa réflexion, il aurait pu admettre que chérir, c'est encore aimer et que l'amour est déjà une force en soi)*.
Le sourire de Sarah lui aurait appris qu'il faut chérir ses faiblesses comme son bien le plus précieux parce qu'elles sont justement des faiblesses. Il lui aurait dit qu'on n'aime pas la bonté comme on aime les louanges mais que l'on est bon comme on

est pauvre ou soûl.

Le regard de Sarah lui aurait affirmé que c'est parce que l'on accepte d'être attaché à elles comme à une drogue, une femme, une maîtresse que l'on est bon. On ne l'est véritablement que par déviance et malgré soi. Pressentant ses propos bien amers le spectateur qui aurait forgé sa réussite selon les préceptes de la société fuirait plus sûrement cette créature immonde ou tenterait de lui asséner un coup d'épée en plein cœur. Ce faisant, il apprendrait à ses dépens les propriétés du rire propre à émousser les lames les plus fines. D'ailleurs, Sarah était trop empreinte d'altruisme et de gratuité pour s'en soucier.

L'existence de Sarah se donnait à voir à la raison des hommes et des femmes actuels. Dénuée de toute fausse pudeur, elle s'exposait au jugement de ses contemporains. L'innocence des actes de la jeune femme leur montrait la possibilité d'une vie aussi infidèle à l'éthique qu'à l'esthétique convenue. Pire, il semblait que cette virginité ne fut pas maîtresse d'elle-même et laissait vibrer le corps de la misérable comme autant de convulsions spasmodiques soumises aux vents capricieux du mystère fait vie.

Sarah était la marionnette du grand secret de l'existence. Au travers d'elle, cette dernière semblait dire aux Hommes: je suis la réalité en soi. Je suis le sens premier de votre condition et si vous vous plaisez à constater le pouvoir de ma capacité lorsque votre ennemi tombe sous le joug de l'infortune, vous vous indignez à l'idée que je puisse manifester la puissance d'une volonté qui vous submerge. Que ce ne soit pas une capacité mais une volonté qui accouche de toute valeur et voilà votre raison obligée de se soumettre à l'hégémonie de votre perception. En donnant le sens, je donne à entendre et à voir.

Voyez de la plus petite à la plus grande de mes créations la manifestation d'une architecture, d'une organisation qui ne soit pas le produit d'une pensée. Une même matrice cachée en toute chose comme en vous-mêmes et qui soit une œuvre en soi comme pour vous rappeler la domination de la conscience universelle sur la raison, conscience que vous nommez Amour. Il suffirait que vous croyiez en moi pour que j'existe et que je crois en vous. Si vous êtes des marionnettes, votre raison feint de l'ignorer. Je n'apparais véritablement qu'une fois dans votre existence. Lorsque, au soir de votre vie, votre pensée se fait miroir, que voyez-vous ? Une créature qui vous regarde, qui vous appelle et qui vous supplie de lui pardonner. Une créature bien misérable semblable à toute autre. Son regard est noyé du rouge de la peur

comme une bête apeurée. Soyez rassurés, cette créature qui vous nargue et vous appelle dans la glace n'est rien d'autre que vous-mêmes. Lorsque sonne l'heure et que vous daignez enfin me demander; deux questions, auxquelles je réponds toujours, viennent à votre esprit: Pourquoi vivons-nous ? Parce que, je le veux... Pourquoi mourrons-nous ? Parce que, je le peux...
Ne m'appelez pas Dieu tel un être capable de pouvoir, car je suis votre égal, votre ennemi, votre frère. Je me suis fait humble et miséricordieux pour que la Beauté demeure dans la bête misérable qui ne ramasse des cailloux que pour justifier l'usage de ses mains.

Il était midi à la pendule du café lorsque Sarah lava les siennes. Les water-closets du bar sentaient la javel et les petits carreaux de céramique posés en damier sur les murs achevaient de rendre le lieu aussi inhospitalier que fonctionnel. Sa blancheur rappelait l'atmosphère des abattoirs quoique le choix de la robinetterie fît davantage songer à celle d'un hôpital. Sarah n'aimait pas l'aspect vitrifié de cette faïence blanche car à sa seule vue, une sensation de froideur la saisissait. « Pourquoi, *se disait-elle*, ai-je toujours cette impression de frilosité lorsque je pénètre dans ce genre d'endroit ? Et pourquoi ai-je la sensation de revenir à la vie quand je retrouve le comptoir ? Les étages sont pourtant chauffés de la même façon... » Sarah s'étonnait que les autres femmes, adeptes inavouées des pissotières, ne souffrissent de cette distinction au point de rester fidèles à elles-mêmes dans leurs attitudes, qu'elles s'exprimèrent en bas de l'escalier ou à l'étage parmi les autres clients. La constance de leur humeur l'interpellait profondément si bien qu'au fil des années passées en tant que pisseuse confirmée, elle avait développé la certitude d'être une déficiente physique victime de frissons incontrôlés. Il en allait tout autant lorsqu'elle convolait avec elle-même au milieu de la nuit, des hommes et des pubs à la mode. Seule, quelque part derrière le comptoir, elle observait là, à la lueur des lumières tamisées, l'étrange ballet de ses semblables réunis en bande pour se livrer, semblait-il, à l'exercice de l'ivresse. Cependant, tous leurs gestes visaient à feindre la volonté de l'être pour se contenter d'un jeu de rôles où les garçons gagnent toujours leur combat sur l'éthanol et où les filles se doivent de jouer l'indifférence face à l'exploit. De fait, l'ambiance, bien que festive, trahissait, aux yeux de Sarah, un effort partagé de contenance et de modération qui lui semblait parfaitement déplacé.

Quant aux femmes, notre scrutatrice s'amusait sournoisement à les voir prendre des postures théâtrales qui, selon la qualité de leurs voisins, allaient de l'indifférence biblique à la fraternité la plus aboutie. Pour Sarah, la seule évidence dans tout cela était que les forteresses soient faites pour être prises. Notre don Quichotte allait ainsi, au gré d'un visage plaisant ou d'un geste éloquent, tenter de prendre tel ou tel moulin à vent. Et, en règle générale, la bougresse n'était pas mauvaise. Le fait est que, ne saisissant pas la subtilité des règles d'un jeu pourtant partagées par le commun des mortels, elle finissait d'apparaître particulièrement mystérieuse aux yeux de sa conquête. Ses réponses étaient pour la plupart inappropriées et ses questions somptueusement absurdes ou déplacées. Ses attitudes avaient le don rare d'échapper à toute grille de lecture pour l'homme expérimenté et ses regards lui rappelaient, s'il en était besoin, qu'il demeurait une beauté faite pour être tutoyée.

Sarah parvenait même quelques fois à faire jouer ces créatures à ses jeux d'enfants où les mâts de cocagne sont les hommes et où il suffit d'une épée de bois pour en manger les fruits. À leur propre insu, ils finissaient ainsi par se moquer d'eux-mêmes ce en quoi, la belle naïade, mue par un don profond du mimétisme, renvoyait à leur endroit des sourires fleuves qui les rassuraient régulièrement sur l'état de leur maîtrise. Pour ceux qui, en fonction de l'humeur du soir, avaient voté le partage de leur couche avec un agneau plutôt qu'avec un loup, le spectacle était effroyable. Se donnant sans retenue, fait rare, à ce petit poulain si prévisible et câlin, ils se retrouvaient, au matin, souillés et dévastés de l'intérieur, violentés dans leur ego, violés dans leur âme par une bête immonde et carnassière comme s'il eût existé un agneau qui aimât le sang. Les fruits de leur fécondité, loin de pourrir, leur donnaient la sensation de germer jusqu'à prendre la place de leur cerveau. Ils paraissaient frapper aux parois de leur crâne pour les supplier de se donner encore. Les pauvres hommes, loin de se vanter de leur mésaventure, gardaient au fond d'eux ce secret comme on cache une maladie honteuse tant, ils culpabilisaient d'avoir pu désirer être violés par une enfant.

Sarah, que la lubricité n'effleurait pas, se réveillait tel un ange au milieu de ces draps tout remplis de sueur et de semence. Elle irradiait d'innocence, plus belle que jamais, avant que de déposer un baiser tendre sur le front de sa victime, laquelle ne bougeait jamais.

Sa robe et sa chemise enfilées, elle repartait tranquillement emportant avec elle les parfums de la chambre et une ombre que mangeait l'escalier.

Il était midi cinq lorsque Sarah réapparut au regard des femmes. Les dix mètres qui la séparaient du comptoir étaient toujours un prétexte à contemplation pour ses contemporains. Sarah faisait partie de ces êtres qui, sans que l'on sache pourquoi, retiennent immanquablement votre attention. Son allure et sa personnalité étaient pleines de grâce et de majesté. Le port altier de sa démarche ne faisait qu'illuminer un peu plus un visage qui aurait pu rester commun s'il n'avait possédé en lui-même un charme secret. Les gens étaient d'autant plus captivés à sa vue que cette grâce, cette majesté, ce charme secret n'étaient pas tournés vers la lumière comme à l'habitude, mais au contraire vers la noirceur et les ténèbres. Pour la première fois de leur existence, les contemplatifs trouvaient beau un corbeau comme devant une toile de Jérôme BOSCH. Une femme quinquagénaire qui se trouvait là, assise derrière une de ces petites tables que l'on trouve d'ordinaire dans les bars, se dit un moment qu'il devait exister des diamants qui fussent noirs. Son sentiment était mêlé, sans qu'elle sût pourquoi, de compassion et d'avidité clandestines. Sa tête blonde casquée d'une chevelure nourrit aux huiles essentielles tenait alors d'une œuvre cubiste où les yeux, noyés dans ce paysage désolé, roulaient sur le parterre léché par les pas de Sarah avant de rebondir vers les cieux embués de fumerolles et de bouffées tabagiques.

Dans la vie, elle était directrice commerciale. Elle travaillait pour une grande enseigne de l'assurance aux personnes et aux biens. Elle avait gravi les échelons à force de ténacité et d'opiniâtreté. C'est ce que disaient ses supérieurs qui la présentaient en exemple aux jeunes recrues lors des cycles de formation. La vérité était tout autre. Bien sûr, elle avait dû prendre son mal en patience pour accéder à la fonction qu'elle convoitait, d'autant qu'à l'époque où elle entra dans la profession le machisme régnait sur ces crânes déchevelés, mais sa persévérance était davantage le fait d'un entêtement infus et d'une convoitise profonde pour le pouvoir. Sa tension intérieure était d'autant plus étrangère à la notion d'effort que la roublardise et la ruse, qualités nécessaires pour réussir dans le métier, étaient chez elle une seconde nature.

Mise en situation, l'exercice de style était particulièrement éloquent et elle aurait pu difficilement cacher le plaisir qu'elle en tirait à un sage clairvoyant. Le système de promotion interne de la firme lui convenait de fait. Étape après étape, il s'agissait d'être celui ou celle ayant réalisé le plus de ventes de contrats, puis le plus grand chiffre d'affaires de vente de contrats, puis le meilleur résultat d'exploitation de vente de contrats, puis de dégager le maximum de marges opérationnelles en fonction du résultat d'exploitation des ventes de contrats, etc... etc... Il ne fallait pas envisager d'être vendeur par fonction mais par nature si l'on voulait raisonnablement avoir une chance d'être promu. Il était d'ailleurs intéressant d'observer, pour le conseil d'administration de la société, que si la vente n'était qu'un moyen pour réaliser des bénéfices, ceux-ci étaient produits et accessoirement gérés que par des personnes dont la vente, le mécanisme d'avancement le garantissait, étaient une fin en soi. « Heureusement que la réflexion n'est pas leur fort ! » pouvait-on entendre dans la grande salle de la tour où se tenait le conseil. « Imaginez un instant que nous nous mettions à embaucher des philosophes ! » lança un autre de ces pontifes avant qu'une salve de rires n'éclata dans le lieu haut et ceint.

Ainsi, donc, notre collectionneuse de records et de voyages estampillés club méditerranée avait pu développer, au fil des ans, un réel talent pour dénicher les bons "filons" tels que les endroits résidentiels où la concentration de personnes du troisième âge et/ou aux *CSP* privilégiées au mètre carré était la plus forte. Elle pouvait même aujourd'hui repérer ces zones d'un simple coup d'œil. En fonction de la particularité de son client et des contrats qu'elle avait à vendre, elle pouvait adapter son discours à souhait et anticiper chacune de ses objections. Elle était chez la personne comme sur une scène de théâtre et l'on aurait pu trouver du talent dans son jeu si les conséquences de ses actes n'avaient pas causé autant de drames dans les foyers qu'elle avait pu visiter. Raser le cash.

Elle toisait maintenant bon nombre de ses anciens collègues, devenus pour la plupart chauves et repus, qui, parce qu'ils passèrent des années à vendre simplement pour gagner leur vie, s'étaient révélés moins performants aux yeux de la hiérarchie. Depuis, ils avaient, chacun, été rangés sur une voie de garage pour services rendus et ils n'avaient plus à subir la dure quotidienneté du terrain. Qui était devenu inspecteur des ventes, qui responsable marketing, qui encore responsable des formations…Tous avaient ce point commun d'afficher une forme de tranquillité mêlée de satisfaction qui se traduisait d'ordinaire par un rictus persistant entre deux poignées de main, excepté au moment où passait près d'eux notre directrice en chef. Leur air apaisé se faisait alors moins voyant. Chacun de ces hommes avait, en dehors de son activité, une passion secrète ou un hobby qui le réconciliait avec lui-même. Pour certains c'était le cyclisme, pour d'autres la collection de fontaines en pierre reconstituée figurant en bonne place dans le pré carré de leurs maisons de banlieue.

Mais pour notre quinquagénaire à la nuque blonde aucune passion semblable ne l'animait si ce n'est l'avenir de ses deux enfants qu'elle voulait resplendissant de respectabilité sociale. Rien n'était trop beau pour les satisfaire et aucune école n'était trop chère à partir du moment où elle en avait avalisé l'utilité lointaine ou immédiate.

C'est pourquoi elle paraissait si circonspecte à la vue de Sarah. Sans qu'elle sût exactement pourquoi, elle eut très vite un sentiment d'aversion pour cette jeune femme à l'allure d'un roi mendiant. Elle se dit en elle-même qu'elle aimerait l'avoir un instant en face d'elle dans la posture d'une postulante assise derrière son bureau afin que la vie lui accorde la chance, c'est-à-dire l'importance, de pouvoir balayer d'un revers de phrases la bonté niaise et vulgaire qui dormait en elle. En revanche, l'idée de pouvoir balayer d'un revers de mains son curriculum vitae ne serait en comparaison qu'un maigre lot de consolation.

Et pourtant Sarah n'aurait sans doute pas eu à rougir à l'idée de devoir présenter son curriculum vitae à une pareille amazone. Si elle obtint son baccalauréat avec difficulté, ce n'est que parce qu'elle trouvait le contenu des cours rédhibitoire et qu'à dix-huit ans, il lui paraissait plus sensé de courir les garçons et la lecture de recueils regorgeant d'expériences de vie. Cependant, sa scolarité éparse fut jalonnée de professeurs qui remarquèrent très tôt les balbutiements d'une intelligence remarquable. Alors qu'ils avaient déjà fait l'expérience d'enfants définitivement doués pour telle ou telle matière scolaire, leur rencontre avec Sarah leur avait laissé entrevoir une intelligence libre et d'une grande pureté si tant est que l'impression qu'elle leur renvoya les obligeait à mettre des mots idoines sur une situation qui ne l'était pas. Si la petite femme avait des dispositions réelles pour les Lettres et l'Histoire, ce qui, au regard du peu de travail qu'elle accomplissait, exaspérait ses professeurs, c'est en philosophie qu'elle intrigua le plus ses maîtres. Et en effet, son mal avait alors la pleine jouissance de sa force d'expression. C'est ainsi que Sarah décréta dès le premier jour de cours que le philosophe, s'il était en quête de sagesse, n'était pas en quête de vérité, comme on voulait le lui faire croire, mais en quête de de beauté.

Les démonstrations magistrales de ses professeurs se succédèrent à la chaîne, phases durant lesquelles notre dissidente passa très souvent pour une sotte par manque d'assurance tant les arguments qui l'habitaient auraient paru absurdes, selon elle, aux yeux de ses camarades. Malgré tout, il arriva que les rares fois où elle tînt tête à ses professeurs, elle gagna la joute orale. Et s'installait un silence comme un grand vide. Le maître recourrait alors à un geste ou une pirouette stylistique pour rompre le malaise. Il suffisait d'un moment en privé avec Sarah pour que le regard du professeur trahisse de la tendresse voire de l'admiration.

Mais il s'agissait alors de sentiments de contrebande tant il était crucial pour l'enseignant de ne rien laisser transparaître en société qui aurait pu s'apparenter à de la faiblesse.

Après un bref passage à la Faculté où Sarah comprit très tôt que, malgré l'intérêt de l'enseignement, elle perdait son temps et ses chances de parvenir à une fonction sociale qui soit en accord avec l'idée qu'elle se faisait de l'épanouissement personnel, elle partit intégrer une de ces écoles supérieures, semblables au salon des refusés, qui fleurissent au sein des mégalopoles. Les motivations de ce départ étaient aussi à rechercher dans la réaction de répulsion qu'elle avait eu en se rendant compte qu'il pouvait exister dans un lieu dévolu à la connaissance une "politique des quotas".

L'idée qu'elle puisse n'être qu'un numéro lui interdisait de croire que l'on puisse prêter une attention réelle au contenu de ses copies, ce que Gustave COURBET n'aurait pas démenti. Sarah ne sut jamais si ce fût la réussite de son cursus universitaire ou le fait qu'elle fût prête à un moment donné pour donner la pleine mesure de ses capacités d'analyse et d'inventivité, mais le fait est qu'elle manqua le majorat de promotion d'un cheveu s'il n'y avait eu la présence de ce nuage noir au-dessus de sa tête, signe céleste qui accompagne tous les êtres hors normes. Sarah avait développé au fil de ces années une philosophie qui lui était propre.

C'est à cette époque qu'elle comprit qu'elle avait toujours conjugué sa vie au transitif: se travailler plutôt que travailler, se boire, se manger, se parler, se vivre, s'aimer, etc... Cela la rassura énormément sur sa destinée, surtout par rapport à l'idée initiale qu'elle s'en faisait. Lorsqu'on lui demanda à quatre ans ce qu'elle voudrait faire plus tard, ce fut sans doute l'une des rares enfants à répondre: "clochard". Alors, devenue adulte, elle se disait que le fait de se cultiver ainsi, presque malgré elle ou à son propre insu, c'était là la meilleure façon de pouvoir supporter avec sagesse cette vie présumée si elle devait être un jour la sienne. Ses études supérieures l'avaient amenée à pouvoir donner corps à sa vision de l'existence dans une pensée directive et organisée. elle se servait de certaines notions avec brio et les avait retaillées sur mesure pour qu'elles deviennent plus

adaptées à sa dextérité.
Elle pratiquait la relecture de toute situation vécue à la lumière de ces outils et apprenait d'elles encore davantage. Plus qu'aucun autre étudiant de sa classe, elle avait perçu la nécessité de l'organisation, l'omniprésence de la structure ou encore la profondeur de la fonction. Ses travaux l'avaient amenée à conclure que tout état supportait, en son sein, les facultés tangibles de capacité et de volonté. De fait, il ne pouvait pas ne pas exister de langage qui ne soit intrinsèquement discours. Et cela dans son esprit sonna comme une révélation tant celui-ci percevait derrière la définition commune des vocables des horizons, des frontières que la plupart de ses congénères ne pourraient jamais sentir ne serait-ce que par l'émanation.
De même, ses résultats l'amenèrent à devoir distinguer l'exercice du manichéisme, le bien le mal par exemple, du principe de binarité.

Diplôme en poche Sarah pensa un moment continuer plus avant ses études et les portes d'écoles avantageuses se seraient ouvertes à elle s'il n'y avait pas eu autour d'elle des gens qui, à cette époque, l'aimaient assez pour la presser à travailler. Et puis, tout compte fait, notre étudiante jugea qu'elle n'apprendrait pas davantage dans ces écoles de ce que le savoir peut révéler d'essentiel si ce n'est une connaissance technique et strictement opérationnelle.
Elle pensait alors qu'elle trouverait bientôt un emploi... Pauvre Sarah !

*

Sarah parcourut à l'époque les agences nationales pour l'emploi, les sites Internet de recherche d'emplois et les annonces des hebdomadaires spécialisés. Les maigres réponses qu'elle obtint furent toutes suivies du même effet: le premier des entretiens d'embauche. Les hommes et les femmes qu'elle rencontra alors semblaient se complaire à déposer leur âge comme on le fait de l'argent liquide sur son compte courant. Leur postérieur aurait pu être le seul fondement posé sur le fauteuil en cuir de Suède qui leur servait d'assise s'il n'y avait eu au cœur de leur comportement un port de tête et une posture qui rappelaient les bustes antiques et solennels des empereurs romains. Sarah fut très impressionnée par la beauté de leur stature d'autant qu'elle s'échappait de leur corps malgré eux. Cette beauté, d'autant plus indésirable qu'ils voulaient paraître, dans l'instant, maîtres absolus de leur condition et le démontrer par la vraisemblance puissante de leur logique,

conforta Sarah dans le caractère ingénu de la Beauté à se déployer. Ainsi, s'enchaînèrent les rencontres sans aucun espoir, bien entendu, d'embauche. L'explication à cette impasse revenait sans cesse, toujours la même: « vous avez une formation, mais pas d'expérience »... « mais oui, je comprends bien mais vous n'avez pas l'expérience nécessaire. »
« L'expérience nécessaire ? se dit Sarah, mais alors, si une expérience spécifique est requise au départ, pourquoi m'accorder un entretien alors que mon curriculum vitae souligne ce manque avec évidence ? » Sarah réfléchit et réfléchit encore tournant en rond dans ses vingt mètres carrés. Puis elle comprit.
Elle comprit que cet argument ne visait qu'à balayer poliment les postulants indésirables. Notre jeune femme prit une feuille de papier et opposa consciencieusement, selon le principe de binarité, ce qui était extérieure à elle de ce qui lui était intérieur.
Dans la colonne de gauche qu'elle avait tracé, on pouvait déchiffrer ces mots : "sphère extérieure, parole directive et ouverte visant à montrer efficacité, adaptation et techniques opérationnelles liées à la fonction, gestes mesurés et posés, posture agréable et respectueuse, visage et contenance harmonieux et plaisants, formation universitaire en rapport"; dans celle de droite: "sphère intérieure, pensée maîtrisée, ouverture d'esprit, écoute, volonté d'accomplir, capacité foncièrement présente, goût du challenge approché comme il se doit et âme...?" Sarah ne tarda pas à saisir l'objet de sa déconvenue: "l'âme, oui l'Âme..." Ce mot, en forme de prière, dessiné par calligraphie sur la page blanche semblait perdu au milieu d'elle comme une divagation. « Se pourrait-il que l'âme fasse l'objet d'une discrimination ?... Et, si tel est le cas, ne serait-elle pas au fondement de toutes les autres ? »

Très étrange perception s'il en est puisque Sarah sut cela dans l'instant comme un coup de couteau asséné dans le cœur contrairement à sa raison qui ne pouvait se résoudre à ployer sous l'évidence. Les loups se reconnaissent entre eux, c'est là la parabole de la Civilisation. Il y a le fond et la forme comme en toute chose. Le fond, c'est l'âme que les vérités ne sauront bâillonner tant que la Beauté leur sera supérieure et la forme qui prend les aspects les plus divers: discrimination par la conviction politique, par la race, la religion, la couleur de la peau ou encore la teinte métallisée d'une belle voiture mal venue sur le parc de l'invitation. La couleur de l'âme de Sarah ne plaisait assurément pas et elle en était d'autant plus sûre que les gens qu'elle avait vus à la télévision prôner, dans des messages engagés, le respect des différences, la tolérance et la paix, avaient, eux aussi, le port altier du patricien qui déclame. L'homme compense son manque de capacités par l'exercice de la volonté majuscule car nécessairement impersonnelle et intemporelle afin de pouvoir éviter tout jugement éthique. La morale civilisatrice est choisie par le corpus social et ce n'est pas pour rien. Que trouve-t-on au fond de la médiocrité vraie si ce n'est l'envie irrésistible et irrésolue de "parvenir quand même" comme pour mieux taire le cœur qui crie "péché !" et la raison qui crie "la faute !"

Rappelez-vous cette herbe indésirable qui rampe sur les murs de vos maisons, s'insinuant jour après jour dans les interstices de ses pierres et dont les pesticides ne font que retarder l'avancée inéluctable jusqu'au toit qui vous surplombe. Il faut entendre ici par médiocrité vraie non pas une incapacité partielle à "réaliser" puisque le travail et la persévérance permettent d'y pallier, mais la vraie et sournoise absence de volonté noble qui consiste à refuser le combat les mains nues face à soi-même pour se munir d'outils affûtés que l'on vole ou récupère en fonction des opportunités de la vie. La médiocrité vraie est voisine du labeur et se doit de dissimuler une lâcheté qu'on ne saurait dire.

D'ailleurs, à bien y réfléchir, il paraissait maintenant limpide à Sarah que le système social s'autorégulait de cette manière. C'est là sans doute son meilleur gage de pérennité. À considérer qu'un homme ayant une prédominance pour une intelligence du cœur ou "savoir" ne peut être complètement stupide, un semblable ne possédant qu'une intelligence brillante de la raison ou "connaissance appliquée" n'a besoin d'aucune condition sine qua non pour demeurer idiot. Les rares exceptions qui existent ne font que parachever l'évidence de cette règle générale. Ainsi, le sous-chef est-il promu par le chef ne craignant pas de lui qu'il lui fasse de l'ombre par ses compétences à "exister" et "à faire" et lui passe devant, ainsi le chef est-il promu par le le chef d'équipe, lequel est promu par le sous-directeur, etc... Pourquoi embaucher une jeune femme rendue dangereuse pour soi-même par sa capacité à "faire" et sa volonté à "être" dans un système où la méritocratie s'apparente à un art de la table et la subjectivité à la cuisine que l'on y sert ? Subjectivité qui reste présente dans les yeux du correcteur, lors des épreuves des concours publics, si tant il est vrai que ce relecteur n'en reste pas moins homme (enclin à la même médiocrité) et la copie faite de mots vapeur de l'âme.

Mais cette spécificité qui reste inhérente à la condition humaine la rendait de fait plus acceptable au regard de Sarah comme les microbes et autres virus sans lesquels nous ne serions pas résistants face aux maladies. Et si leurs rôles étaient comparables dans leur contribution réciproque à la survie de l'espèce ? Vaste programme... Or justement ce n'était pas tant l'omniscience de la Bêtise qui peinait Sarah que sa systématisation pour une société consacrée. Pour Sarah, la subjectivité, en tant qu'elle est instrument de partialité, n'était acceptable (au sens civilisateur du terme) que dans la mesure où elle convergeait tout entière vers la servitude à la Beauté et même si elle avait été incapable de formuler cette pensée aussi clairement par le recul nécessaire, c'était là l'idée qu'elle se faisait d'une société épanouie.

On n'aurait pu trouver sa vision idyllique si nous ne nous concevions pas plus utopistes à vouloir refaire l'amour si souvent alors même que nous le défaisons un peu plus tous les jours. Sarah avait pu remarquer que la plupart, pour ne pas dire toutes les disciplines permettant l'émanation de la Beauté, étaient, dans notre société, reléguées au rang d'exposition, de distraction voire d'exotisme. Les arts, les religions (par leur message et non par leurs institutions), la politique (au sens premier du terme), la philosophie, la poésie, enfin les œuvres de l'esprit, étaient immanquablement rangés dans des musées (sanctuaires si silencieux), des livres ou laissées à des galeries qui avaient tout du mont piété.
Non ! la subjectivité doit être asservie à la Vérité déifiée non pas tant pour servir son caractère intrinsèquement vertueux que parce qu'elle est la seule parmi les chants de l'esprit véritablement malléable pour le commun des mortels et sa vertu sociale est de permettre de cacher, mieux qu'aucune autre pierre, les affres entretenues de nos traits. Pour cacher cet asservissement, autrement dit pour que les hommes puissent se mentir à eux-mêmes et feindre d'ignorer leur médiocrité, l'objectivité était, à l'ère contemporaine, en tout, mise en avant comme une vertu civilisatrice. L'objectivité était, d'ailleurs, consacrée dans le discours comme si elle était en soi la preuve d'un esprit juste, et les hommes écoutaient l'orateur qui savait l'utiliser comme un berger au milieu de son troupeau.
« Il ne faut pas généraliser ! » pouvait-on entendre à chaque coin de rue. « Voyez, je suis objectif puisque je ne généralise pas ! »

Or, c'était là pour Sarah, un non-sens de la raison. Refuser le caractère général de toute loi régissant l'ordre naturel du monde au lieu d'en reconnaître les effets omniscients, c'était comme retirer à la pensée profonde le droit de s'exercer. La généralisation est un passage obligé pour une conclusion objective. La généralité n'est pas une fin en soi, mais elle est un moyen incontournable pour une réflexion juste et pertinente. Demanderait-on à un scientifique de se passer de l'induction ou de la déduction dans ses recherches ? Le phénomène miraculeux de cette louve qui recueillit un enfant et le nourrit ne fait pas de toutes les louves des nourrices en puissance. En affirmant cela, j'admets implicitement qu'en règle générale elles restent sauvages et carnassières. Aussi, si dans le fond la subjectivité était l'exercice quotidien des hommes, ces derniers l'enterraient dans la forme sacralisée du discours en se faisant des résistants combattants de la généralité. En l'éradiquant, ils déposaient sur l'autel sacrificiel de la civilisation leur propre capacité à réfléchir, voire pire, leur volonté à penser. En tuant le principe de la généralité, ils assassinaient la valeur de l'objectivité et consacraient l'avènement du chaos et d'une apocalypse qui, si elle n'était pas biblique, en était d'autant plus effrayante.

Le nombre fait force de loi et le sage ressuscité qui verrait se jouer cet acte ne pourrait s'empêcher de penser que se tient là un théâtre de pure folie où une dévotion sans bornes à l'égard de la vérité s'accomplit privant ainsi chacun de ses acteurs de la sienne propre comme d'une possible liberté. On y joue à guichet fermé et il n'y a nul public pas même un des bons dieux ou des diables que l'homme croisa sur sa route. Si la folie du piéton doit être repoussée, celle commune au corpus social s'en extrait puisqu'elle possède en elle la preuve irréfutable d'être partagée par l'immense majorité et qu'ainsi ses éléments médiocres baignent confortablement dans l'eau saumâtre de cet absurde qui leur apporte joie, absolution et espoir. On pourrait penser que la fulgurance de ce tableau est que la folie communément partagée s'émancipe alors de ce qu'elle est une tare, mais Sarah retenait celle, bien plus terrible à son goût, qui réside dans un premier temps dans sa "valeur" d'élection à être "chose" élue par le poids écrasant du nombre, à savoir la quête irrépressible pour le Bonheur et dans un second temps dans sa "valeur" de consécration à être rendue pérenne par ce même nombre, c'est-à-dire, et c'est là la quintessence de cet effroi, par la source de joie qu'il a pu effectivement y trouver (au travers de son exercice), une joie si commune qu'elle semble une communion des êtres et le Graal promis à la société des hommes.

La majorité des hommes ne veut pas voir que la Vérité n'est qu'un destin dont la manifestation inexorablement plurielle est soumise pour l'éternité à la Beauté. Car si la majorité des hommes reconnaissait cela, alors elle se verrait obligée de reconnaître la monstruosité de son jugement, son ignorance accordée à la domination de la puissance sur le pouvoir, de la gratuité sur l'intérêt, du poids du geste sur ce que la main contient et de l'amour sur le monde. Et comme pour parachever la justesse de ces propos, l'exception qui confirme la règle générale rappellerait alors qu'il n'existe pas de troupeau qui ne soit fait pour être guidé. car le guide, s'il tire son pouvoir de l'élection, tire sa puissance de la potentialité que lui donne son statut à se rendre digne de l'amour qu'on lui porte c'est-à-dire digne de son propre amour. Le péché est fait pour être racheté par la bonne action et la médiocrité par l'amour qui s'accomplit. À quand le pouvoir laissé aux poètes ?!! Sarah était assise au fond d'un canapé lorsque son âme conclut qu'il valait mieux pour elle rester au-dessus de cette mêlée, se tenir à l'écart du bal et s'en tenir à camper le buffet avec les clowns et les malheureux. D'ailleurs, c'est là que se trouvaient l'ivresse et le temps nécessaire au façonnage ultime de sa propre expérience.

Un sourire soudain lui poussa au visage lorsqu'éclos dans sa mémoire le temps passé à rédiger des lettres policées que l'on nomme "de motivation" alors qu'à pareil instant, elle se sentait remplie d'amour et de la seule motivation qui se puisse être: l'envie de vivre. L'intérêt, l'ambition, la soif de reconnaissance, la convoitise, voire le dévouement mis à jour, tous ces principes étaient pour notre Boudu autant de breloques qu'elle avait dû posséder il y a longtemps et qu'elle avait sans doute égarées un jour qu'elle arpentait, roulante comme un navire, ce chemin qu'il lui sert de vie.
Sarah se sentait à présent envahie d'une joie profonde sans qu'elle en connaisse la cause exacte. Le Requiem de Mozart, qui crachait sa supplique au milieu de ces murs, lui savait. Sarah s'était absoute de tout sentiment de culpabilité et c'est confiante qu'elle claqua la porte d'entrée de son deux-pièces avant que de plonger dans le noir corridor. La lune était particulièrement belle ce soir-là et la pellicule d'eau de pluie laissée sur la chaussée renvoyait l'éclat diamantin des enseignes lumineuses qui jalonnaient l'avenue.
Sarah croisa un bar américain et s'y engouffra. L'atmosphère y était pleine de l'odeur des vêtements encore mouillés que portaient clientes et clients. Se frayant un passage jusqu'au comptoir, l'oiseau de nuit se posa sur un tabouret placé entre deux grues qui se prenaient le pied. Un mojito arriva sans attendre dosé comme il se doit de sucre de canne et de rhum BACARDI. Sarah jouait avec le socle du cendrier que taquinait la cendre de sa cigarette. L'odeur particulière des habits

humidifiés lui rappelait le Requiem de Mozart tant il semblait convenu que les tissus de flanelle, de laine et de soie que l'on portait alors dussent retenir profondément l'eau des averses, lesquelles ne manquaient pas à Vienne comme à Paris. De même le bois omniprésent et le fer non galvanisé devaient apporter une touche poivrée à ce tableau. La présence d'érotismes devait y être particulièrement forte et profonde si bien que le quotidien était à coup sûr propice aux plaisirs alternés de la chair et du recueillement. Les sens devaient en être d'autant plus affûtés et la curiosité maîtresse de toute action. Le dos puissant de la paysanne ne pouvait se concevoir qu'avec ces gouttes perlées venues du ciel et les jarrets forts de ces messieurs étaient la preuve de leur vitalité à claquer les semelles de bois et de cuir de leurs chaussures sur les pavés gris et rainurés. Pour conjurer l'odeur érogène et cacher ce que la morale réprouve, les parfums devaient être couramment employés au sein de ces villes fort peuplées renforçant par là une promiscuité déjà pesante. Au sortir des cités, les routes étaient par conséquent particulièrement boueuses et il faut imaginer les roues des voitures à cheval le plus souvent à la limite d'être embourbées lorsqu'elles se dirigeaient vers les demeures de campagnes où se donner les fêtes entre intimes. Le temps devait paraître particulièrement long à l'amoureux transi guidé par une folle chevauchée. La tête de Mozart, ses cheveux poudrés et pleins d'une odeur mêlée de suif, de parfum et de sueur, tout cela à l'évidence respirait la vie.

Sarah aimait particulièrement ce Requiem pour le tableau *trash* qu'il dressait de cette époque composée de couleurs criardes et primaires. Les sens de Sarah avaient l'art de dénicher l'érotisme où qu'il se cachât et ce, même dans les endroits les plus reculés de la création comme au creux des jambes féminines qu'ensommeillent les jeans coupe droite.

Au pôle opposé du bar se tenait la posture mystérieuse d'un jeune homme. Sa superbe résidait dans la maîtrise spontanée de ses gestes qui faisait ainsi l'aveu d'un talent peu commun à se draper des silences comme on s'empare d'un châle. La chevelure abondante et le regard paisiblement félin de cette créature attirèrent l'attention de Sarah. Elle crut un moment voir Nino, mais non, il n'était pas Nino. Il lui ressemblait pourtant. On aurait dit de lui qu'il était frère d'un modèle de Van DONGEN. Les cils qui soutenaient son regard en étaient la preuve la plus aboutie. Sarah marchait vers lui chevauchant son instinct comme un cheval taillé pour la route. Et à mesure qu'elle s'approchait de lui, elle rentrait un peu plus dans ce temple.

On ne sut jamais ce qu'il advînt de leur émoi. Mais une fois parvenu à sa hauteur, elle constata que le bel éphèbe n'était pas seul. En effet, se tenait à ses côtés une jeune femme blonde, coupe courte plongeante sur le devant. Sa poitrine était généreuse et la forme de son visage rappelait celui d'un poupon. Ses yeux étaient aussi carrés que ses lunettes. Les deux personnages avaient l'air captivés par le dialogue qu'ils se jouaient à voix basse. C'est à ce moment que Sarah prit la parole.
Il se posa sur la fumée bleutée qui dansait un bonjour vagabond.
« Bonsoir » répondit-on à notre Attila des steppes.
Se tournant vers le beau baigneur, il lança: « Comment vous appelez-vous ? »
- Sony.
- J'aime beaucoup votre tête, Sony.
À cette nouvelle, les yeux de la blonde se firent un peu plus carrés.
- Puis-je vous offrir un verre ?
- Pourquoi pas ?
« Trois mojitos ! » vociféra la serveuse qui courait derrière le comptoir.
- Et vous vous appelez comment ? demanda Sony.
- Sarah.
« Que faites-vous dans la vie, Sarah ? » enchaîna la belle panthère qui jusque-là semblait lointaine. Sarah réfléchit un long moment, comme confronté à un problème d'algèbre, le corps tendu et les mains posées sur le zinc.
Un léger sourire accompagna ces mots: « Vous voulez savoir ce que je fais dans la vie ? » « Oui », répondit la belle amusée.
- Je crois que j'essaie de l'apprivoiser...Ce n'est pas facile.
- Ah! Vous essayez de vous apprivoiser... Je suis étudiante en psychologie.
- Pourquoi ? On peut vivre autrement ?
« Vous savez, il y a bon nombre de gens qui vivent sans s'apprivoiser ! » répliqua Lola qui riait. Car elle s'appelait Lola.
« Alors ils survivent... » lâcha notre héroïne dont les yeux crédules et le corps aux mains tenant toujours le comptoir faisaient office de balanciers.
« Vous voulez jouer avec moi ? » poursuit-elle.
« Pourquoi pas... » dit Sarah.
« On va jouer au questionnaire de Proust. Vous connaissez ? »

L'allumette qu'elle craqua pour allumer sa cigarette éclaira furtivement une partie de son visage d'où se distinguait une cicatrice parfaitement linéaire. A cette découverte Sarah la trouva encore plus belle.

« Si vous étiez une fleur, laquelle seriez-vous ? » dit Lola.
- L'orchidée rouge qui pousse parfois sur la chemise des voyous.
- Si vous étiez une chanson ?
- Je serais votre corps mis en branle.
- Si vous étiez un oiseau?
- Je le suis déjà.
- Si vous étiez une couleur ?
- Le rouge des feux du même nom.
- Si vous étiez une herbe?
- Le goémon présent sur vos plages.
- Si vous étiez un mensonge ?
- Je serais vos doigts.
- Si vous étiez un dieu ?
- Le dieu Pan.
- Si vous étiez brésilien ?
- Je jouerais des maracas.
- Si vous étiez espagnol ?
- Je serais berger.
- Si vous étiez un fruit ?
- Et vous ? Si vous ne l'étiez pas ?
Oh ! Sarah ! Qu'avais-tu dit là ?... Ce n'est pas l'éternité qui détient la seconde mais la seconde qui porte l'éternité. Cette phrase, elle eut le temps de se la répéter en elle-même au moins une dizaine de fois tant le silence qui suivit sembla durer.

- Tout à l'heure nous parlions, mon ami et moi, du manque général d'égalité... Je disais qu'il faut que les femmes continuent à se battre pour y parvenir davantage. Qu'en penses-tu ? « Ben, moi, *dit Sarah*, je trouve que la cause est noble si vous ressentez de l'injustice. Tout ce que je sais, c'est que je n'ai jamais vu deux pommes parfaitement identiques et, pourtant, j'ai un plaisir toujours égal à les manger. L'égalité en tant que valeur ne vaut rien, elle n'est réussie qu'au travers de cet état de conscience qu'elle provoque, un amour partagé. Un jour j'ai recueilli un chaton. Nous n'étions pas égaux à première vue dans le rapport qui nous unissait.

Je n'ai trouvé qu'une seule symétrie: l'amour qu'il me donnait et celui que je lui renvoyais. Je crois que la symétrie n'eut lieu que parce qu'il s'agissait d'amour, à considérer que c'est le seul état de conscience totalement infini donc égalitaire. la dissymétrie inhérente à tous les autres m'amène à penser que recherchée en dehors de lui, l'égalité n'est pas envisageable. Je m'étais attaché à ce chaton parce que la seule zébrure qu'il avait entourait son museau, ce qui faisait de lui un chat à part parmi ses congénères. Je crois que l'amour se nourrit de la différence.
Une égalité pleine et entière n'intervient que dans la pluralité de la différence pour un amour libre et sincère. Il faut se sentir libre d'aimer et, pour cela, magnifier son unicité et être très loin d'une possible comparaison quelle que soit sa nature. L'égalité dort dans le creux de la main pas dans sa forme. Il faut bien un soleil pour éclairer le monde et une lune pour pouvoir s'en échapper. Je me méfie beaucoup des principes d'égalité et de liberté non pour ce qu'ils sont en soi, mais parce qu'ils me semblent envisagés selon celui de l'intérêt général. Mais l'intérêt est une image d'Épinal selon qu'on le tient à l'envers ou à l'endroit. L'intérêt n'est pas un salut en soi et il faut qu'il soit manié par bien des sages pour qu'il puisse engendrer l'amour. Or la majorité des Hommes n'est pas sage. C'est là un grand malheur... N'oubliez pas ce personnage de la mythologie que les dieux punirent en lui donnant la liberté infinie, mais en le condamnant toutefois à l'arpenter en aveugle. Le pauvre homme passa l'éternité dans le noir de son parcours sans jamais toucher un mur, mû ainsi par un sentiment d'oppression bien plus grand que s'il s'était cogné à la ceinture de pierre qui l'aurait rassuré. Malgré ses efforts, il ne parvint jamais à se libérer de sa peur. C'est vrai qu'il n'avait pas d'âne appelé Buridan ! Et le libre arbitre, qu'est-ce que c'est ? Est-ce nous qui dansons ou est-ce la terre qui tremble ? Mon chat, *Rasha*, lorsqu'il sort dans le jardin, va au nord plutôt qu'au sud, pourquoi ? Parce que ses sens lui montrent l'endroit où il trouvera sa pitance ? Lui aussi sait l'intérêt ? Et l'abandon d'une caresse ? De l'intérêt encore ? Nous n'avons pas besoin que la gratuité soit réelle pour en vivre.
Nous la réinventons à chaque fois que nous y croyons. Son sens est dans l'acte de foi. Je dis que la gratuité véritablement "réelle" existe parce que j'y crois ! L'intérêt qu'il s'écrive en majuscules ou en minuscules sous-tend l'idée d'une destination là où il n'y a qu'une communauté de destins! Si je me réfère au fait qu'il faut d'abord nommer les choses pour qu'elles puissent exister, alors ma volonté à les rendre égales se heurte à ma capacité. Si je veux rendre égale le vert et le rouge, je peux dire: Vert ! Tu es la couleur premium ! Puis je dis: Rouge ! Tu es la couleur

premium. Je dis donc que toutes deux sont également premières dans l'ordre des couleurs. Mais se faisant, j'ordonne nécessairement une hiérarchie lorsque je les prononce. je ne peux pas dire dans le même temps le vert et le rouge. Il faut que je les prononce séparément pour qu'elles se mettent à exister. Notez la rivalité que j'amorce alors entre elles. car le rouge pourra toujours me reprocher de l'avoir cité en second !

Je pourrais narrer l'aventure de ce roi qui fit venir à lui ses deux meilleurs sujets. Pour les récompenser de manière égale, car il ne pouvait se résoudre à privilégier l'un au détriment de l'autre, il leur dit: Voilà pour vous cent pièces d'or chacun ! Il tendit une première bourse, puis la seconde. Sur le chemin du retour, l'un des compères dit à l'autre: Certes, nous avons tous deux été récompensés de manière égale, mais c'est d'abord à moi que le roi donna la première de ses bourses ! Je suis donc son préféré ! L'homme auquel il s'était adressé retourna voir le roi pour se plaindre de cet état de fait. Le roi, qui se voulait juste, les fit alors revenir et leurs dit : Je donne vingt pièces d'or supplémentaires à chacun et pour vous satisfaire je dépose en même temps les bourses dans vos mains ! Mais, limité par l'exercice de ses sens, le roi ne put faire autrement, en énonçant ces paroles, de regarder l'un avant l'autre. Ce que les deux sujets ne manquèrent pas de remarquer. Et une nouvelle plainte fut déposée. Le roi réfléchit puis il les rappela à nouveau. la même scène eut lieu à ceci près que le vertueux monarque se présenta à eux les yeux crevés de telle sorte que l'impérieuse nécessité de voir les mains pour y déposer la récompense fut contournée par l'aide d'un supplétif qui guida le roi dans son geste. Si les deux sujets repartirent enfin satisfaits, le roi n'eut plus le moyen physique de diriger les affaires de son royaume si bien que ruiné, il finit par mourir de chagrin. Les deux fidèles sujets se retrouvèrent seuls, abandonnés mais riches à racheter la lune.

Ce fut là la seule égalité qui ne se manifesta jamais entre eux ! Les deux hommes manquaient d'amour... Et si vous vous demandez pourquoi le roi ne s'est pas tout simplement bandé les yeux, demandez-vous plutôt ce que les deux sujets auraient imaginé qu'il se passe sous le fin tissu... »

« Mais au fond, tu l'as dit toi-même, l'égalité n'est pas une mauvaise chose en soi... Bien au contraire ! » répondit Lola.

« Bien sûr, *renchérit Sarah*, il convient de tendre nos actions vers elle pour se rapprocher toujours davantage d'une égalité plus parfaite même si la perfection totale reste sans doute impossible. Mais il faut l'envisager comme un moyen capable de nous permettre de mieux vivre ensemble et non comme une fin en soi. Car sinon cela aboutirait à nous priver de la liberté la plus élémentaire que commande l'exercice du libre arbitre. En fait, il faut au préalable distinguer le fond de la forme, la structure de la fonction, le contenant du contenu ou encore la volonté de la capacité. Si dans la forme, il est louable, voire nécessaire, d'aménager dans nos rapports mutuels une égalité puissamment présente. Pour aménager cela, nous disposons des lois qui encadrent notre capacité. Or c'est notre volonté à être égaux dans nos actes et notre jugement qui doit être recherchée si nous voulons parvenir à une égalité pleine et entière. Je veux dire véritablement vécue. Par le jeu du principe de l'intérêt, l'égalité est un outil avant d'être une valeur. Il faudrait que l'outil s'efface au profit de la valeur. Si nous sommes, toi qui peux faire de moi ton égal et moi qui veut l'être, mus par le même sentiment d'amour alors la perfection formelle de cette égalité sera moins importante à nos yeux que la joie à l'exercer nous procurera. Nous serons devenues parfaites l'une pour l'autre dans notre imperfection. Et sans doute que je viendrai moi-même poser des limites à notre ressemblance grâce à la prise de conscience que je m'aime dans mon unicité, dans ma différence.

Viser, comme le font nos dirigeants, l'égalité comme une fin en soi dont la dynamique se place sous le spectre de la capacité, c'est-à-dire du pouvoir et de la force faite loi, produit l'effet inverse, car l'amour s'efface au profit de la somme des intérêts personnels. Tel dirigeant d'aujourd'hui voudra avoir initié une loi égalitaire pour servir sa propre gloire. L'intérêt général n'est pas incompatible avec l'amour si l'intérêt général est Amour. De sorte que l'on n'attend plus que l'égalité s'accomplisse dans les actes, mais dans le cœur des hommes, qu'elle soit dans leur volonté avant que d'être dans leur capacité. Ce serait un monde où l'on aimerait la différence, porter secours à son semblable sans rien attendre en retour, un monde où les ennemis s'aimeraient jusque dans leur inimitié et leur combat, un monde où les curriculum vitae porteraient la noblesse de l'âme de leurs postulants, un monde où l'intérêt personnel loin d'être éradiqué serait mis au service de l'intérêt général. Il ne s'agit pas d'éduquer les gens pour construire ce monde, qui sera un jour, car la connaissance est un outil technique et qu'elle ne peut rien sur les âmes, mais il faut privilégier l'expansion du savoir, seul capable de changer les âmes et les volontés. Or l'école d'Aujourd'hui est dans l'incapacité de produire du savoir, car ses officiants ne se sont pas éprouvés, elle n'offre que de la connaissance, matière

première bien pauvre et dangereuse si l'initiation au savoir n'a pas eu lieu.
Pour que ce monde vienne, il faut deux choses: que des âmes de bonne volonté, âmes d'exception (on voit là que le principe d'égalité n'est pas vertueux en soi, car l'exception nécessaire exprime la primauté de l'inégalité) nous dirigent comme le berger le troupeau, cela peut être des sages ou des poètes ou encore l'âme d'un peuple exceptionnel dont on verrait se dégager quelques esprits inspirés et surtout que l'argent soit enfin aboli dans sa valeur autrement dit totalement et avec lui toutes les valeurs de conséquence véhiculées par la société. Projet fou, délirant, utopiste, voire anarchiste, me direz-vous ! Je vous répondrai que non ! Parfaitement plausible si l'on conçoit que la volonté, commune et partagée par la quasi-totalité, commande la capacité. Le temps que l'on mettrait à brûler nos papiers et nos billets ne serait pas le temps de notre mort, mais de notre renaissance et s'il est réfléchi de dire que l'instinct de survie toujours s'exerce, nul doute que nous serions en capacité de trouver un système social de substitution, une nouvelle société se propageant au monde entier. Il suffirait juste de s'aimer un peu plus et de vaincre notre peur entretenue, je pense sciemment, par la société actuelle.
Je crois bien que cette société s'est fondée sur la promotion de gens incapables d'aimer. Sans caricature, disons que le nombre des incapables s'est trouvé plus grand aux places décisionnelles que celui des gens capables d'aimer avant tout. Aussi, le phénomène de substitution s'est manifesté pour remplacer le vide par de l'avoir. Leur inconscient réfute l'idée d'un monde où l'avoir personnel ne serait qu'un moyen et non une fin en soi, car si l'amour était érigé en valeur universelle leur inconscient les avertirait qu'ils sont les nouveaux pauvres et qu'on les aime quand même ces pauvres-là ! L'amour n'offre que la puissance et non pas le pouvoir ! Si l'on peut choisir de mourir, on peut choisir de vivre ! L'exercice de l'avoir impose celui de la quantification, de la mesure. Il est intéressant de remarquer que la qualification demandée à un postulant en mal d'emploi se résume à la quantification de ses "savoirs"! *(Sarah but une gorgée de mojito)*
Quantité de diplômes valident un degré de connaissance, non de savoir ! Aux petits diplômés les petits chefs, aux grands diplômés les grand chefs, aux premiers la quantité, aux seconds la qualité ! Quelle qualité !
Ceux-là, je veux dire ceux qui, parmi eux, n'ont pas l'esprit frondeur, mais sont dociles et polis (qu'espèrent-ils ?), ont le cœur assurément froid comme leurs aînés et envisagent les mathématiques comme un outil (capacité) et non comme un langage (volonté). Vous êtes vous demandé pourquoi on trouvait une majorité de

femmes dans les départements marketing des sociétés ? Non pas parce qu'elles sont plus malléables, non pas parce qu'on les paie moins chers, mais parce que les recruteurs, dans leur inconscient, prêtent aux femmes un sixième sens, une intuition plus développée pour sentir l'air du temps. Cela est d'ailleurs peut-être vrai et relayé par l'inconscient collectif, mais il est intéressant de constater que là où le marketing se veut une discipline de l'objectivité, seule capable d'apporter un jugement efficace selon elle, ses recruteurs usent de la subjectivité pour s'en servir. Quel avatar de la production de l'esprit humain !

Le marketing tendrait à fédérer un public autour d'un produit... Mais lorsqu'une production fédère, elle s'appelle une œuvre! Cela existe déjà et leurs acteurs s'appellent des artistes. Les artistes et œuvres méconnus finissent tôt ou tard par fédérer et permettre l'exploit de la communion, forme ultime de la communication. L'œuvre consacre la beauté en étant en capacité à se passer fondamentalement de la vérité. La psyché collective le sait bien et ses actions sont dictées alors, tôt ou tard, vers sa reconnaissance. Marketing, pauvre colosse aux pieds d'argile dont les adeptes bafouent la pseudo-solennité dans le baptême de l'embauche et dont la prière ne se résume pas qu'à l'acte d'achat ! Tu crois pouvoir engendrer de la séduction, mais tu ne connais que l'intérêt...N'as-tu jamais aimé ? »

« Mais moi, j'pense encore que les femmes doivent continuer à se battre pour une égalité plus juste ! » clama Lola.

Sarah porta son verre de mojito aux lèvres et en but une grande rasade. Sony la regardait, noyé dans les vapeurs de l'alcool et de pensées érotiques qui planaient au-dessus de lui comme le feraient des oiseaux charognards. La tonalité des propos qu'il venait d'entendre lui faisait percevoir ce que sa raison se refusait à reconnaître: Sarah n'avait pas pensé son discours et sa raison ne la guidait pas. ces mots semblaient être sortis d'elle dans un flot continu comme s'il s'était épanché au-dessus des latrines. Il eut très tôt l'intuition, sans pouvoir se l'expliquer, d'un danger à rester trop proche de cette fille. Mais cette peur, loin de desservir l'attention à la fois paternelle et lubrique qu'il lui portait, rapprocher un peu plus ce loup des rues de ce cactus que l'on trouvait, dans le bar, particulièrement exotique.

La voiture de Lola avait tout d'une bulle de savon. Le parfum y était enivrant et les sièges confortables... Le moteur ronronnait gros. Tandis que Sarah somnolait, côté passager, au fond du siège avant, la porte arrière gauche claqua. Derrière la vitre se tenait la tête de Lola qui, depuis l'extérieur, fit un signe d'approbation en direction de son camarade. Le moteur ronronna de plus belle jusqu'à destination. « C'est là ! » dit Sarah. Sony gara la voiture. On vit alors ces deux corps s'éloigner du trottoir pour disparaître sous l'entrée cochère d'un immeuble ancien. Cinq étages plus tard, une porte s'ouvrit sur un deux-pièces où se jouait toujours le Requiem de Mozart. Sarah la referma derrière elle tandis que Sony se jetait sur la couette d'un lit à ressorts. Tous deux nus et abandonnés dans une même étreinte, Sarah s'avachit au milieu d'un long baiser qui se révéla être le théâtre de son évasion vers Orphée. Sony désenchantait quand les cordes du Requiem volèrent à son secours. Il rêva beaucoup cette nuit-là.

Il se voyait funambule sur un chapelet interminable de notes qu'égrenaient les violons de l'orchestre. Il se voyait porté et léger au travers de frimas luminescents et le froid qui l'étreignait le réchauffait par un réconfort étrange et doux. La lenteur de ses mouvements rajoutait à la solennité de la scène. Libéré de toute gravitation, son cœur de sang s'envolait haut dans les cieux. Il sentait son corps s'abandonner, inexorablement envoûté par cette mystérieuse mélopée. Il vit au loin, posé sur une mer d'huile, un frêle esquif sur lequel se tenait Sarah. Il la voyait debout un filet de pêcheur dans les mains. Elle remontait avec grâce l'eau de l'océan et sa silhouette baignait dans une lumière dont la source déchirait les cieux assombris par des nuages ténébreux. Sur la plage, le silence était venu s'asseoir et observait paisiblement la scène. Un oiseau de feu passa par là tandis qu'un cheval taillait pour la course hennissait dans le soir. il crut apercevoir une licorne qui bondissait, mais ce n'était qu'un enfant qui dessinait des figures géométriques dans le sable à l'aide d'un bâton. Une main vilaine dont la pilosité animale recouvrait tout l'épiderme à l'exception de ses ongles longs et sales portait en son sein un rubis d'un rouge si pur et si beau que toute la compassion du monde n'avait pu résister à son appel et c'est goulûment que cette myriade de bêtes mangeait dans la main la viande fraîche et tendre qu'elle lui servait. Plus jamais, Sony ne sous-estimerait la beauté des malheureux.

*

À midi moins cinq, le fa dièse du troisième violon frappa le monde. Les yeux du dormeur roulèrent au milieu des draps froissés sans y rencontrer la moindre lolita.

Loin de s'en soucier, Sarah se leva de son lit puis se dirigea de façon quasi téléguidée vers la cafetière qui trônait dans la cuisine. Le Requiem jouait, la machine à café chantait et Sarah pissait. Il lui fallut moins d'une minute pour boire le liquide chaud et caressant que contenait la tasse puis "boom !", plongée odorante dans un bain moussant..."Tuba mirum, Rex Tremendae, Recordare, Confutatis, Lacrimosa !" se vociférait depuis la petite pièce embuée.
Sarah barbotait dans l'eau savonneuse, se rasant les jambes et se shampouinant tout à la fois. Dehors, les oiseaux chantaient. Séchée, peignée et rasée de près, Sarah enfilait sa robe quand elle sentit, au fond d'une de ces poches, un truc qui la rappait. Elle en sortit une boule de papier sur laquelle elle put y lire, une fois dépliée: "Olga DAVOST alias Lola, 0600122038, tu ronfles !" Ces mots lui déclenchèrent un rire qui dura peut-être trois mesures...

« Bonjour, monsieur LELIEVRE, quoi de neuf ?! » entendit-on dans l'escalier qui conduisait aux boîtes aux lettres.
« Bonjour, Sarah, trois fois trois ! » répondit l'homme en bras de chemise. Monsieur LELIEVRE était le gardien de l'immeuble. Un gardien d'immeuble qui portait sur lui le poids de l'âge, car il était né à une époque où les films se tournaient en noir et blanc et c'est pour cela qu'il restait gris et pâle comme un cachet. À chaque fois qu'ils se croisaient, c'était le même bonjour échangé comme un code entre eux.
Sarah saisit son courrier et regagna son antre. Elle était convoquée pour un énième entretien d'embauche. Il s'agissait d'une invitation d'un journal qui recrutait quelques jeunes hommes et jeunes femmes pour vendre de l'espace publicitaire. Sarah aurait préféré qu'on lui propose un poste plus en rapport avec la rédaction d'articles, qu'il s'agisse de piges ou d'assistanat, mais elle n'était pas passée par les écoles de journalisme et d'ordinaire on ne prêtait guère de crédit à l'enthousiasme qu'elle manifestait. Alors un poste d'attaché commercial était mieux que rien.
Le jour de la convocation, le temps était, dehors, radieux. Parvenue dans l'enceinte du bâtiment et après s'être présentée à l'agent d'accueil, on l'éconduit vers une arrière-salle remplie d'une douzaine de personnes entrain d'attendre. Il y avait là une jeune femme qui était, il y a encore deux mois téléprospectrice, un jeune homme qui avait vendu des cassettes vidéo et autres DVD à la location, un troisième avait été barman, une quatrième venait de finir ses études, une cinquième avait tenu un commerce de prêt à porter et tout ce petit monde ressemblait à un conglomérat hétérogène et chamarré de jeunes demandeurs de vie embellie. Sarah

aurait pu paraître, au milieu d'eux, comme une des leurs s'il n'y avait pas eu chez elle ce côté subversif et noble que seul l'élève rêveur possède lorsque son esprit vagabonde au travers de la fenêtre de la salle de classe.

Chacun de ces jeunes gens passa à tour de rôle dans une pièce secrète et austère d'où s'échappaient des sons aussi brefs qu'inaudibles.
Le jeune homme, qui avait autrefois vendu des films à la location, sortit de la salle d'audience au bout de vingt minutes, un large sourire au cœur. À l'évidence c'était bon pour lui, il était pris. Ce fut au tour de Sarah de rentrer dans l'arène.
- Veuillez fermer la porte, je vous prie.
Sarah s'exécuta aussitôt. Se tenant face à eux, elle pouvait voir deux hommes et une femme dont elle ne put définir leurs âges si ce n'est qu'ils avaient à l'évidence la quarantaine passée. Costume et cravate pour ces messieurs, tailleur noir pour la jolie blonde. Elle leur tint un bonjour franc et appuyé auquel il lui fut répondu de s'asseoir.
- Bien, nous vous demanderons de vos présenter en quelques phrases, après quoi vous nous direz ce qui, selon vous, peut nous convaincre que vous êtes fait pour le poste. D'accord ?
- Très bien, je m'appelle Sarah, j'ai vingt-cinq ans, célibataire et j'ai trouvé votre annonce sur le site Internet de pôle emploi.

Silence. L'un des hommes range des dossiers, sans doute ceux des candidats. Le second balaie son regard sur Sarah comme s'il cherchait à mieux saisir le personnage à qui il a à faire. La femme semble écouter avec attention. Le premier homme passe un dossier rouge à son voisin.
- Après des études en communication, je fus engagée comme courtier en bijoux anciens par une société parisienne qui faisait commerce avec des marchands new-yorkais.
- Pourquoi dîtes-vous: faisait commerce ?
- Parce qu'elle a, malheureusement, déposé le bilan. Voilà six mois que je travaillais pour eux. Aussi, mon travail ayant été apprécié des clients que j'avais en portefeuille, je résolus, faute d'avoir pu retrouver rapidement une place en entreprise, de créer la mienne étant donné que j'avais encore des affaires en cours dans ce domaine. Je me suis donc mis à mon compte et conclus ces affaires. Après la première année d'exercice, et tout compte fait, je me suis vite aperçue que cela

n'était pas rentable, du moins à l'aune de mes capacités matérielles très limitées et surtout par un réseau que cette précarité relative m'interdisait de détenir. C'est ainsi que le prix des assurances nécessaires au dépôt des objets, sans lesquelles vous n'êtes pas maître de la totalité de la transaction, se révéla trop onéreux d'autant qu'elles exigeaient des aménagements plus sécuritaires de mes locaux. M'étant installée en province, je n'étais pas suffisamment présente à Paris. Or les relations, je ne vous apprendrai rien, cela s'entretient d'autant plus que le marché des gemmes est un microcosme.
- Combien gagnez-vous dans la société qui vous employait ? Et combien avez-vous gagné en vous mettant à votre compte ?
- Je gagnais le SMIC, hors primes, en tant que salariée. À mon compte, j'ai dégagé un bénéfice de 5000 € pour l'année.
- Ce n'est pas beaucoup !
- Oui, effectivement, c'est peu.
- Continuez...
- Cependant, cette expérience m'a permis de me rôder aux techniques commerciales de la vente. Ce fut une bonne école.

L'homme qui rangeait tout à l'heure ses dossiers, écoutait Sarah. Sur le visage du second se dégageait un sourire en coin dont on aurait su dire s'il s'agissait d'une approbation envers les propos de Sarah ou une défiance affichée. Quant à la jeune femme, elle fronçait davantage les sourcils qu'elle paraissait face à une énigme comme face à un tableau de SOUTINE. Elle prit la parole.
- Lorsque vous vous êtes présentée à l'accueil, on vous a remis un test. C'est un test de personnalité ou de psychologie, pour faire simple. Nous sommes d'accord mes camarades et moi pour dire que vous n'avez pas répondu aux questions de manière naturelle. Vous ne pouvez être dans la réalité ce qu'indiquent les résultats du test ! Nous avons du mal à vous cerner, Mademoiselle. Vous semblez jouer un jeu. Croyez-nous, enlevez ce nez rouge derrière lequel vous vous cachez et soyez plus naturelle !
- Mais je vous assure que j'ai répondu spontanément aux questions et je vous parle en ce moment comme je parle d'ordinaire !
Un des deux hommes renchaîna :
- En bonne commerciale, vos dents de louve ne seraient-elles pas élimées à force de...Vous croyez être faite pour ce travail ?

- Si je ne le pensais pas, je ne serais pas devant vous... Je veux dire que non seulement mes dents ne sont pas élimées mais que j'ai de l'énergie à revendre et c'est avec enthousiasme que j'envisage le poste. Je suis toujours bien passée auprès des clientèles que j'ai eu à convaincre. C'est d'ailleurs par la conviction que j'ai obtenu leur adhésion. Après le courtage, j'ai vendu des produits de défiscalisation. Nous n'avions aucun portefeuille et il fallait partir à la conquête. Les trois ou quatre rendez-vous par semaine que l'on nous donnait étaient aussi qualifiés que peuvent l'être des contacts tirés des pages de l'annuaire. Cependant, sur les six premiers mois, j'ai fait cinq ventes quand la moyenne était de trois. Plus tard dans les assurances, je fus la première, parmi les jeunes recrutés, à vendre et obtenais les meilleures notes d'évaluation. J'ai même travaillé pour un constructeur immobilier et sans connaître tous les aspects techniques de la construction, j'ai pu faire quatre ventes en deux mois! Aussi je pense qu'il n'y a, a priori, aucune raison que je ne puisse vendre de l'espace publicitaire et amasser les bons à tirer d'autant que j'ai déjà une expérience dans ce domaine puisqu'un ami qui montait son propre journal me demanda mon concours pour vendre de l'espace publicitaire dans ce gratuit mensuel.

À cet instant, Sarah se dit en elle-même, « ils vont me poser la question de savoir pourquoi je suis partie de ses emplois et il me faudra leur dire la seule raison qui soit: j'ignore exactement la raison pour laquelle à chaque fois mes supérieurs m'ont virée alors même que mes résultats me démontraient courageuse et volontaire si ce n'est compétente. Leur dire, pensait Sarah, que j'avais senti à chaque fois leur aversion pour ma personnalité, cette discrimination de mon être, de mon âme; cela n'eût pas été raisonnable et paraîtrait parfaitement incongru à ces gens. »
Mais, à son grand étonnement, aucune question ne fut posée en ce sens. D'autres questions vinrent qui trahissaient une volonté de se frotter à l'esprit de Sarah. On lui posa des questions du style : « vous vous croyez spontanée ? » Après quoi, on lui donna la définition du mot. À laquelle Sarah fut invitée à donner la sienne. Ce qui eut pour effet de les mettre en rage, s'il n'y avait eu les conventions de l'entretien d'embauche où le jury maîtrise ses pulsions. On renchérit pour lui démontrer que sa définition était erronée. Enfin, alors que jamais elle n'avait souhaité se mettre en valeur de la sorte, elle n'eut d'autre choix que de leur tenir une démonstration brillante, assise sur les bases de leur raisonnement, de ce qu'est la spontanéité si bien que le divorce fut consommé entre eux, le jury n'ayant pas supporté qu'un tel

individu puisse leur tenir tête et révéler, malgré lui, la légèreté de leur analyse. Sarah pensa un moment, que ce jeu futile qu'ils avaient initié, témoignait d'une profonde immaturité. Elle vit, en face d'elle, des enfants qui jouaient à incarner un rôle sans doute trop grand pour eux et, consciente de cet état de fait, elle en éprouva de la compassion. Quarante-cinq minutes s'étaient déjà écoulées depuis le début de l'entretien et les regards du jury se faisaient toujours plus inquisiteurs. Un des hommes dit alors :
- Désolé, Mademoiselle, mais vous ne nous avez pas convaincus.
- Croyez que je le regrette. je pense que vous faites une erreur, mais...
- Non ! J'aurais préféré que vous nous demandiez pourquoi on ne vous prend pas !
- Pourquoi ?
- C'est trop tard, il fallait y penser avant. Au revoir, Mademoiselle.
- Je vous remercie de m'avoir reçu. Au revoir.

En sortant de l'immeuble, Sarah croisa l'ancien vendeur de cassettes vidéo.
- Alors, *lui demanda le jeune homme*, t'es prise ?
- Non, malheureusement.
- Moi, je suis pris, ils ont aimé mon... Mon spontané !
Sarah lui tapa chaleureusement sur l'épaule et lui souhaita bonne chance.

*

Quelque part, ailleurs dans le monde, on frappa à la porte: « Votre café, Madame. »
Elle tira sur la ceinture de son peignoir : « C'est bon, vous pouvez entrer ! »
Une jeune soubrette posa un plateau sur la table qui se dressait en face du lit.
« Merci ! » lui dit-elle.
« Bonne journée, Madame ! » répondit-elle.

C'est alors que la porte se referma en emportant, avec elle, la démarche blanche et noire de la jeune créature comme danseraient sur une page les lignes typographiques d'un roman entrain de s'écrire et le nom de Sarah.

*

Sarah rentrait chez elle. Mais, sur le chemin du retour, elle croisa une manifestation.

Elle ne tarda pas à se retrouver au milieu de tous ces gens. La cohorte des grévistes s'arrêta soudain au niveau de la terrasse d'un bistrot. Cinquante mètres plus bas, se tenaient deux escadrons de CRS. Tout d'un coup, l'un des manifestants monta sur une des tables d'extérieur du café et, muni d'un porte-voix, s'adressa à ses camarades. Sarah, qui se trouvait noyée dans cette foule aux contours mal dégrossis, écouta sa litanie et les revendications qui la portaient. Les gens étaient fébriles, et il y avait dans l'air comme une tension électrique. On vit, alors, une jeune femme montait sur une table voisine et prendre à l'homme son porte-voix. Elle s'apprêtait à délivrer son message quand il se fit entendre, parmi l'auditoire, une voix forte qui, sur le ton des poissonnières, lâcha : « Elle se prend pour qui, celle-là ? C'est qui cette bonne femme ? Elle se prend pour un mec ??? »
Derrière le porte-voix, Sarah lui répondit: « Si je suis un mec, je ne le suis pas au regard de pouvoirs à convoiter, mais, tout comme eux, au regard d'une innocence vécue affichée, antithèse de mes sœurs. En apparence un mec, en fait, je suis une femme soumise et perdue au milieu d'un monde insoumis à Dieu et à l'amour. Il faut que les femmes pardonnent à leur tour. Qu'elles pardonnent aux hommes d'être ce qu'ils sont. Elles les choisissent déjà. Que veulent-elles de plus ? Qu'elles aillent vers eux, non plus en s'opposant à eux par leur convoitise du pouvoir, mais en les servant pour qu'ils regagnent leur noblesse, et jouir ensemble de les rendre forts, assez forts pour ériger le monde. »
Face à ces propos, une main, puis deux, puis trois empoignèrent les chevilles de Sarah.
Ils tirèrent sur ses jambes si bien, que la belle manquât de se fracasser le crâne sur le rebord de la table. Une fois à leur niveau, ils la secouèrent en tous sens, vociférant sur elle, l'injuriant de tous côtés, et pour les femmes présentes, en lui tirant les cheveux jusqu'à les arracher. « Faites-la taire ! Faites-la taire, cette traînée ! » pouvait-on entendre. Mais Sarah ne se laissa pas faire et se battit avec un grand courage, jusqu'au bout de ses forces, jusqu'au moment fatal où cette mer déchaînée finit par avoir raison de l'enfant naufragée.
« Qu'allons-nous faire d'elle, maintenant ? » demanda un des hommes.
« Au clocher ! Pendez-la au clocher, puisque c'est sa maison ! » cria la foule des femmes aux regards rouge sang.
Tout ce monde se dirigea alors vers l'église qui se trouvait non loin de là.
Forçant les portes du lieu saint, quelques hommes montèrent, avec le corps de Sarah, en empruntant les escaliers menant à la flèche de l'édifice. Arrivés en haut,

ils se saisirent de la corde soutenant la cloche et pendirent la gosse par les pieds. Lorsqu'ils la lâchèrent enfin, Sarah ne bougeait plus. Et depuis la foule, on vit alors ce corps s'agiter, détroussé et branlant, dans le balancement régulier de la corde. Celle-ci oscillait sur son axe quand la cloche de bronze, qu'elle supportait, sonna le tocsin.
Et dans tout le quartier, on entendit tonner le battant d'airain frappant la jupe immense. Et les coups réguliers qu'il délivrait, assourdissants, déchiraient à intervalles réguliers le ciel comme si ce dernier fut lacéré de coups de fouet.

Sarah se balançait une dernière fois, au-dessus d'eux, et ses yeux, plus clairs que jamais, semblait contempler chaque visage à mesure que son corps glissait dans l'espace. À chacun de ses passages, les regards, de plus en plus nombreux, se refermaient comme pour épouser la vérité qu'il existe un seul moment dans notre vie où nous fermons vraiment les yeux. Chrysalides de la nuit, imagos du silence, ils battaient des paupières, et leurs cils, telles les phalènes prêtes à prendre leur envol, semblaient se débattre pour survivre au trouble infini de l'absurde, avant que de s'envoler vers le ciel comme million de papillons épousant l'obscurité du monde.

Sarah se balançait une dernière fois, au-dessus d'eux, et ses yeux, plus clairs que jamais, semblait contempler chaque visage à mesure que son corps glissait dans l'espace. À chacun de ses passages, les regards, de plus en plus nombreux, se refermaient comme pour épouser la vérité qu'il existe un seul moment dans notre vie où nous fermons vraiment les yeux ; l'instant où nous fermons les yeux pour la première fois.

★ ★
★

© 2015, Benjamin Zaschen
Éditeur: BoD - Books on Demand,
12/14 rond-point des Champs Élysés, 75008 Paris
Impression: BoD, Books on Demand, Allemagne

ISBN: 9782322041220

Dépôt légal: octobre 2015